教坛追梦

谷湘秀 著

吉林人民出版社

图书在版编目（CIP）数据

教坛追梦／谷湘秀著. -- 长春：吉林人民出版社，
2024. 5. -- ISBN 978-7-206-21057-0

Ⅰ. G62

中国国家版本馆 CIP 数据核字第 2024NA6191 号

教坛追梦

JIAO TAN ZHUI MENG

著　者：谷湘秀

责任编辑：孙　一

出版发行：吉林人民出版社（长春市人民大街 7548 号　邮政编码：130022）

印　刷：四川科德彩色数码科技有限公司

开　本：880mm×1230mm　1/32

印　张：7.375　　　　　　字　数：180 千字

标准书号：ISBN 978-7-206-21057-0

版　次：2024 年 5 月第 1 版　　印　次：2024 年 5 月第 1 次印刷

定　价：58.00 元

做一个好老师

陈荣华

"我要做一个好老师!"谷湘秀脱口而出。

哪曾想,三十年前,中师课堂上的一个冲动,绽出一星鹅黄之后,眨眼绿出一汪碧翠,绽靓满树娇艳欲滴,撑出满园粉嘟嘟的桃李,当时的情景,至今仍然记忆犹新。

我与谷湘秀因文而识,却从未得见。我教过她培养的学生,普遍基础扎实,眼界开阔,足见她的教学功底。小孩儿在她班上就读的亲朋好友,对她也是赞不绝口,每每对我提起她对课文的独到见解,足见她的文学底蕴。

这是我第一次批量地读湘秀老师的文章。书中有随笔、心得、论文、教案,内容丰富,文采斐然,诗词典故信手拈来,独到见解随处可见,其功底之深,积累之厚,令我刮目相看。

一

老师的一生都在写书,写学生的喜怒哀乐,写家庭的殷切期望,写教学的春种秋收,写教育的百年树人,也写民族的前途伟业……湘秀独特的写书方式,是不断反思,回顾自己一路来时的脚印，盘点不同教学方式的收成，求索更上一层楼之授业解惑的方法。

"打铁还需自身硬！"湘秀是这样说的，也是这样做的。自参加工作起，她便充电不断。国培计划、函授学习、网络研修、同伴学习……方式各异，目标恒一。她的读书笔记摞起来，几乎齐身高；《人民教育》《湖南教育》《语文报》《小学语文》《儿童文学》等报刊杂志期期皆订，本本必读；流水不争先，争的是滔滔不绝，正因不断学习，才有了知识的丰富，才有了教学的得心应手，才有了家长们的夸赞口碑。

二

同行都知道，当老师难，当女老师更难！有道是，人上一百，形形色色。学生们来自不同的家庭，所受家庭教育皆不相同，以致其行为表现千差万别。子曰："有教无类。"子又曰："求也退，故进之；由也兼人，故退之。"有教无类，因材施教，言之何易，践行何难！湘秀是怎么做的呢？

"我的孩子，我的班。"这七个字，湘秀经常挂在嘴上，几乎成了她的口头禅。"你们班的肖玲又淘气了！"邓老师告诉湘秀。"你们班？"湘秀反问一句。邓老师也上了班上的课，一听她的反问，自知说漏了嘴，立马道歉。可见，她已经彻彻底底把班级当成自己的家来经营，把学生当成自己的孩子来管理，这份情感有多么弥足珍贵啊！

采访到这样一则故事：有一天夜里 11:40 了，家长打电话投诉，说刚才和孩子吵了一架，原因是家长回家时，小孩还在看电视，说不得，说一句，顶三句。"现在的孩子越来越叛逆了！"家长如是感叹。"我的孩子不叛逆！"湘秀当即回道。"我的孩子"

四个字掷地有声，不觉让家长一愣。听到这里，不单家长一愣，我也一愣，心里明白：学生，已经成为她生命最为重要的组成部分了。

带班时间与教龄画等号的，在女老师中可谓少之又少，而湘秀正是这少之又少中的一员。

三

"湘秀是我们学校最勤快的女老师之一。"一位黄姓老师向我介绍湘秀的情况时，这样开头。许多老师也纷纷和我介绍：她往往第一个到校，最后一个离校。

湘秀最后一个离校，与她教学任务繁杂没有任何关系。她喜欢写一点东西：班里当天发生的事情，与同事交谈聊到的话题，新读经典佳作嚼出的感悟……她总要用笔记下来，要是一天不写，手就痒痒，纵然头已落在了枕上，也会翻来覆去，难以入眠。湘秀把这些所想所思，称为"随笔"。

有什么样的老师，就有什么样的学生。黄京定、李玲凤、唐贵明、张秋月……这些学生在我班上都有着不俗的表现。她们虽然不在一个学段入校，却都有一个共同的特征：看书必提笔，圈圈点点，或眉批，或旁白，或大段大段议论，或一言两句感想。这些学生我带起来忒顺手，一问之下，才知都是湘秀带出来的。

湘秀至今还引以为豪的是那次同学聚会：大多数十余年前的学生，都还保留着写随笔的习惯，把自己所想所思记录下来。好几个学生更是成为青年骨干老师，难怪有人说，学生是老师生命的延续……

四

上公开课，当属学校最亮丽的风景。

连湘秀自己都记不清自己到底上了多少节公开课，"也就休产假那个学期断了吧。"清点公开课的时候，她这样补充。

"谷老师的课像登山，移步换景，渐入佳境。三尺讲台，她带领学生观林壑闲云，赏玉溪朗月；一行警句，又指引学生莫辜负家园厚望，少年韶华!"一位陈姓老师掠了掠遮盖眼帘的头发道。

我没有听过湘秀的课，入眼最多的是她专著里的课堂实录，有《繁星》《狐狸与乌鸦》《三黑与土地》，有《示儿》《慈母情深》《搭石》，有《妈妈的账单》《七律·长征》《三步写事法》……她的所思，她的所做，她的教学方法、教学心得，都展示得淋漓尽致。

老师有三个境界，像老师，是老师，真老师。但我见得最多的却是还没入门的搬运工。许多老师教了几十年书，退休那天，审视自己的一生，空空如也，好像什么也没有留下。

"我要当个好老师"不是说出来，而是做出来的，日积月累出来的。湘秀还记得当年的钢板、蜡纸，湘秀还记得当年的点水笔，湘秀还记得当年自制的教具，湘秀还记得一路的脚印……来时的路，虽布满荆棘，皆是泥泞，但脚印坚实，脚踏实地。本书所写，即是湘秀的三十余载教学经验与智慧，和湘南大地上一个女教师一生的教坛追梦。

教育之光，念兹在兹，风行草偃，从化无违。百年以为期，千载有余思。

是为序。

目录

CONTENTS

第一章　获奖论文篇

第二章 带班育人方略

第三章 教育随笔

第四章　教研风采

第五章　亮眼的公开课

第一章

获奖论文篇

— 教坛追梦 —

用群文阅读提高小学生自主阅读能力

　　自主阅读是指学生在没有老师指导的情况下，主动选择阅读材料，并进行理解和思考的过程。自主阅读能力是小学生阅读能力的重要组成部分，对于培养他们的阅读兴趣、提高阅读水平具有重要意义。群文阅读是指通过阅读多种文学作品，包括文学经典、现代文学作品、报纸杂志等，来提高阅读能力和素养的一种方法。本文将探讨如何利用群文阅读来提高小学生的自主阅读能力。

一、建立良好的阅读氛围，培养阅读兴趣

（一）创建阅读角落

　　创建阅读角落是提高小学生自主阅读能力的重要方法之一。在教室或学校图书馆中设置一个专门的角落，摆放各类书籍和阅读材料，为学生提供一个安静、舒适的阅读环境。这样的阅读角落能激发学生的阅读兴趣，让他们随时都可以阅读。首先，阅读角落可以为学生提供丰富多样的阅读选择。在角落中摆放各类书籍和阅读材料，包括故事书、科普读物、报纸杂志等，满足学生的不同阅读需求。学生可以根据自己的兴趣和阅读水平选择适合自己的书籍，培养阅读的主动性和自主性。其次，阅读角落可以创造一个良好的阅读氛围。在角落中，可以设置舒适的座位和灯

光，让学生感受到阅读的乐趣、享受阅读。同时，可以在角落中放置一些与阅读相关的装饰物，如阅读报告、阅读心得等，激发学生的阅读兴趣和动力。此外，阅读角落还可以促进学生之间的交流和分享。学生可以在角落中相互推荐好书、分享阅读心得，互相激发、互相激励。

（二）鼓励家长参与

鼓励家长参与是提高小学生自主阅读能力的重要策略之一。学校可以组织家长参与阅读活动，例如家长朗读会、家长讲故事等，让学生感受到家庭和学校对阅读的重视。首先，家长的参与可以为学生树立阅读的榜样。当家长积极参与阅读活动时，学生会看到家长对阅读的重视和热爱，从而激发他们对阅读的兴趣和动力。家长的参与可以让学生感受到阅读的乐趣和意义，培养学生的阅读习惯和阅读能力。其次，家长的参与可以促进家庭阅读氛围的形成。家长和孩子一起分享阅读的乐趣，互相推荐好书、交流阅读心得，增强家庭成员之间的互动和交流。这样的家庭阅读氛围可以激发学生的阅读兴趣，培养他们的阅读习惯和阅读能力。此外，家长的参与可以提供学生更多的阅读资源和支持。家长可以陪伴孩子一起选择适合的阅读材料，帮助他们解决阅读中的问题和困惑。家长与学校合作，共同为学生提供丰富多样的阅读资源，如图书馆、电子书等。这样的支持可以让学生感受到家庭和学校对阅读的重视，增强他们的阅读信心和能力。

（三）丰富多样的阅读材料

提供丰富多样的阅读材料，是培养小学生自主阅读能力的重要保证。提供各种类型的阅读材料，包括故事书、科普读物、报纸杂志等，以满足学生的不同阅读需求。首先，故事书是培养学生阅读兴趣和想象力的重要工具。通过阅读故事书，学生可以进入不同的故事世界，体验各种情节和人物的冒险。故事书可以激发学生的阅读兴趣，培养他们的阅读习惯和阅读能力。其次，科普读物可以满足学生对知识的渴望。科普读物可以让学生了解各种科学知识和现象，培养他们的科学素养和思维能力。通过阅读科普读物，学生可以拓宽视野，增加知识储备，提高阅读理解能力。此外，报纸杂志可以让学生了解时事和社会热点。通过阅读报纸杂志，学生可以了解国内外的新闻动态、科技进展、文化活动等。这样的阅读材料可以培养学生的信息获取能力和批判思维能力，让他们成为具有社会责任感和批判思维的读者。

二、选择适合小学生的群文阅读材料

（一）经典文学作品

选择适合小学生阅读的经典文学作品，如《小王子》《安徒生童话》等，可以培养他们的文学素养和阅读兴趣，同时也能够传递积极的价值观和人生智慧。首先，经典文学作品能够激发学生的想象力和创造力。这些作品通常包含丰富的想象力和奇幻的结构，能够带领学生进入一个全新的故事世界，例如《小王子》中的星球和人物形象，以及《安徒生童话》中的仙女和魔法，都能够激发学生的想象力，培养他们的创造力和艺术表达能力。其次，经典文学作品可以帮助学生了解不同的文化和价值观。这些作品通常蕴含着深刻的思想和人生哲理，能够引导学生思考人生的意义和价值。《小王子》中的友谊和责任，以及《安徒生童话》中的勇气和善良，都能够传递积极的价值观和人生智慧。通过阅读这些作品，学生可以了解到不同文化的特点，能培养他们的人文关怀意识和社会责任感。此外，经典文学作品还可以培养学生的阅读习惯和阅读能力。经典文学作品通常具有较高的文学价值和艺术水平，需要学生具备一定的阅读能力和理解能力。通过阅读这些作品，可以培养学生的批判性思维和文学鉴赏能力，提高他们的阅读效率和理解能力。

（二）现代文学作品

选择一些现代文学作品，如《哈利·波特》系列、《麦克斯与莫里茨》等，可以让学生接触到当代文学作品，拓宽他们的阅读视野，同时也能够引发他们对当代社会和人生问题的思考。首先，现代文学作品能够与学生的生活经验和情感共鸣。这些作品通常以当代社会为背景，描绘了现实生活中的各种情感和困境。《哈利·波特》系列中的友情、勇气和成长，以及《麦克斯与莫里茨》中的友谊和冒险，都能够引发学生对自己生活中的情感和困境进行思考。通过阅读这些作品，学生可以与主人公产生共鸣，理解和认同他们的情感、行为，培养他们的情感表达和人际交往能力。其次，现代文学作品可以帮助学生了解当代社会和人生问题。这些作品通常反映了当代社会的特点、问题，如社会不公、环境保护、人际关系等。《哈利·波特》系列中的魔法世界与现实世界的对比，以及《麦克斯与莫里茨》中的社会冲突和人性探索，都能够引发学生对当代社会和人生问题的思考。此外，现代文学作品还可以培养学生的阅读习惯和阅读能力。现代文学作品通常具有较高的文学价值和艺术水平，需要学生具备一定的阅读能力和理解能力。通过阅读这些作品，可以培养学生的批判性思维和文学鉴赏能力，提高他们的阅读效率和理解能力。

（三）报纸杂志

让学生接触一些报纸杂志，如《儿童文学》《科学少年》等，可以让他们了解到不同领域的知识和信息，拓宽他们的视野和认知。首先，报纸杂志可以帮助学生了解不同领域的知识。《儿童文学》杂志可以让学生接触各种优秀的儿童文学作品，了解不同作者的风格和作品特点。这样的阅读体验可以培养学生的文学鉴赏能力和阅读兴趣。而《科学少年》杂志则可以让学生了解科学领域的最新研究成果和发展动态，激发他们的好奇心和对科学的兴趣。其次，报纸杂志可以帮助学生获取丰富的信息。随着社会的发展，信息爆炸的时代早已来临。学生需要学会获取和筛选信息的能力。报纸杂志作为一种信息载体，可以为学生提供各种领域的信息，如时事新闻、科技进展、文化艺术等。通过阅读报纸杂志，学生可以了解社会的动态和变化，培养他们的信息素养和批判思维能力。此外，报纸杂志还可以培养学生的阅读习惯和阅读能力。相比于长篇小说或专业书籍，报纸杂志的篇幅较短，内容更加简洁明了。这些特点让报纸杂志更容易被学生理解。通过阅读报纸杂志，学生可以培养快速阅读和信息筛选的能力，提高他们的阅读效率和理解能力。

三、引导小学生进行主动阅读

引导小学生进行主动阅读是培养他们阅读兴趣和阅读能力的重要途径。以下是一些方法和策略，可以让小学生逐渐养成主动阅读的习惯。

首先，建立良好的阅读环境和氛围。学校和家庭应该提供丰富的阅读资源，如图书馆、书店和家庭图书。同时，要鼓励小学生在课余时间阅读，为他们创造安静、舒适的阅读环境。教师和家长可以充当榜样，积极参与阅读活动，与小学生分享自己的阅读体验和喜爱的书籍。其次，选择适合小学生的阅读材料。对于小学生来说，选择适合他们年龄和阅读水平的书籍非常重要。教师和家长可以根据小学生的兴趣和能力，为他们推荐适合的图书和杂志。同时，也可以引导小学生尝试不同类型的阅读材料，如故事书、科普读物和漫画书，以满足他们多样化的阅读需求。第三，培养小学生的阅读技巧和策略。教师和家长可以教授小学生一些阅读技巧和策略，如预测、推理和总结。这些技巧和策略可以帮助小学生更好地理解和分析阅读材料，提高他们的阅读效率和理解能力。同时，也可以鼓励小学生撰写阅读笔记和书评，培养他们的批判性思维和表达能力。最后，给予小学生足够的阅读自由和选择权。小学生应该有权利选择自己感兴趣的书籍和阅读材料。教师和家长可以提供一些推荐书单，同时要尊重小学生的选择，鼓励他们根据自己的兴趣和需求进行阅读，激发小学生的阅读兴趣和主动性。

总之，引导小学生进行主动阅读是培养他们阅读兴趣和阅读能力的重要途径，教师和家长应该共同努力，为小学生提供丰富的阅读资源和支持，帮助他们成为热爱阅读的读者。

学校和家庭应共同努力，培养小学生的阅读习惯和阅读能力，为他们的学习和成长提供良好的支持。通过建立良好的阅读氛围，选择适合小学生的群文阅读材料，引导小学生进行主动阅读，可以有效提高小学生的自主阅读能力。这将为他们打开知识的大门，培养他们的思维能力和创造力，为他们的未来发展奠定坚实的基础。

加强课后作业指导，提高课堂教学质量

　　不少语文教师都有过这种感受：给学生热热闹闹地上完一节语文课，带领学生学完一篇课文，结果叫学生回答问题的时候，该掌握的问题答不出来，有些课后明确要求学生回答的问题，不但答不上来，甚至找了半天的课文，也不知道怎样回答：该读的不会读，该写的不会写，该背的不会背。这样的现象屡见不鲜。出现这种"油水分离"的现象，我觉得这和教师在讲读课文时，不和课后作业有机结合起来有很大的关系。其实，课后作业也是教材的重要组成部分，课后作业的设计不是孤立存在的，每一个问题都是精心设计、安排的，往往是用来理解课文的重点和难点的。同时，它也是对学生进行听说读写训练的主要内容。很多课后作业题都或明或暗地提示了语文教学思路，与此同时，不同类型的课文，在课后作业的设计安排上也有非常明显的区别，教师要认真地钻研了解编排者设计安排，每课书每道题的意图，所以老师要加强课后作业的教学指导，引导学生掌握学习方法，才能提高教学效益。

一、引导学生发现课后作业所提示的课文重点、难点

　　课后作业力求反映课文特点，体现教学的重点和难点，启发教和学的基本思路，能加强学生的基础知识和技能的训练。如部

编版教材《观潮》（第七册），课后设计了三道作业题，一是有感情地读课文，并背诵第3、4自然段——也就是说第3、4自然段就是本课的重点段，也是本单元的重点，意在培养学生积累、感受自然之美。教师要根据作业提示，引导学生在课堂多朗读、多感受，最后熟读成诵。第二道题共设计了三个小题，第（1）题是提示学生一层一层地自己看懂课文，再说出课文是按照什么顺序来描写钱塘江大潮的。第（2）题是"你的头脑中浮现了什么画面"。第（3）题是"选择印象最深的和同学交流"。目的是要学生自主归纳段意，概括主要内容。这两问既是本课的重点，也是难点，如果教师在课堂上不突破这两点，不引导学生找答案，估计很多学生即便学完课文也难以答题。

习作例文是根据写作训练的重点要求和课文的特点设计的，主要是帮助学生理解例文的写作特点，如部编版教材《落花生》（第九册），第三题就突出了本课的训练重点"借物喻人的写法"，于是安排了"小练笔：花生会让我们想到那些默默无闻做贡献的人。看到下面事物你会想到哪些人？选择一个试着写一段话。竹子、梅花、蜜蜂、路灯"这样与例文相配合，教师要引导学生发现设计作业的这一意图，并且在课堂上突破知识点，才能让学生把从文中学到的写作方法在实践中运用。

二、引导学生根据课后作业题认真读书，理清课文的思路，理解课文的内容

课后作业中的问题，是理解课文内容和思路的重要线索。这些问题的安排和课文的行文思路，基本上是一致的。教师应在课堂上引导学生掌握这些特点，指导学生认真读书，就能理清课文的思路，理解课文的内容。课后的问题要求学生解答正确，学生必须带着这些问题仔细读书，寻找答案，开动脑筋，积极思考，弄明白这些问题，自然也就掌握了课文内容。

例如：部编版教材《忆读书》（第九册）一课，编者连续设计了两个问题让学生思考。（1）说说冰心回忆了自己读书的哪些经历？（2）她认为什么样的书才是好书？文章2—11自然段：写了以自己幼年时的经历谈"读好书，多读书"。12—13自然段侧重谈读好书。14—15自然段概括全文主要内容："读好书，多读书，读好面通书"。全文的重点内容是说出原因，明确"读好书"的主旨。教师可以通过（1）（2）小题帮助学生理清文章的思路，同时掌握了文章的主要内容。在解决第（2）小题时可以结合第（1）小题，课文具体写的："书中生动的故事情节和人物形象能激起人的各种感情，让人获得多种美的享受；读书能扩大知识面；读书对写作有很大的帮助；读书有助于提高人的品德修养……"引导学生总结并理解：作者认为能感染人，陶冶人，有助于提高人的品德修养，有助于扩大知识面，有助于写作的书，才能算是好书。这样的书，首先必须人物个性鲜明，故事情节感人。具体地说就是古代小说要精彩而不烦琐，引人入胜而非索然无味；现代文艺作品须充满真实而又质朴的感情——让学生再次了解文章的中心内容。在教学这一课时，要放手让学生在老师的指导下自己读懂课文，在读中完成课后作业，理解课文内容，知道什么样的书才是好书，这样才能体会第二大题中"我永远感到读书是我生命中最大的快乐"这句话的含义。

三、认真指导学生完成课后作业，加强听、说、读写能力的训练

课后作业是对学生进行听说读写训练的主要内容，都是围绕着训练学生听、说、读写能力进行的，老师要充分利用课后作业对学生进行听说读写的训练。"听"的训练，主要体现在低年级。如听读拼音，听写词语，听句子。听写时，要引导学生认真听清楚词语、句子的内容，能听得准，写得正确，并且有一定的速度，而且还会自己加标点符号。

"说"的训练，在课后作业中占的比重很大，几乎课课都有。有的明确要求"说"，如：说说你从哪些地方感受到了……说说课文围绕……写了哪些内容？联系上下文说说带点字在诗句中的意思，和同学们交流自己的阅读体会。即使没有明确地提出"说说"的问题，也应该通过学生的说来检查学习效果，或者先说后写。根据课后作业提示，在课堂上要设计每个学生说的环节，让大家都有说的机会。充分运用课后作业，培养学生说的能力，使学生的表达能力得到普遍提高。

"读"的要求在语文课后作业中，也几乎每课都有。有的是默读，有的是朗读或有感情地朗读课文。在读的过程中，要加强读的指导和训练，在读中加深对课文内容的理解，做到读中有思，读中有议，边读边想，边读边记忆。各年级都要重视朗读，低年级教师要指导学生读书，培养学生读书的兴趣，并且通过读书加深对课文内容的理解。而高年级，就要按要求默读课文来理解课文内容，并且要有一定的速度。

关于"写"的练习，在课后作业也大量出现，主要是"读读写写""抄写""默写""造句""写段话"或"写一篇文章"。教师在指导学生完成课后作业时，要求学生该写的必须认真动笔完成，有的"回答问题"的作业有必要，也可以让学生落实到笔头。这样，把听、说、读、写的训练贯彻在语文教学的各个环节之中，才能全面提高学生的听说读写能力。

总之，在课后作业的教学指导中，要增强语文基础知识的比重，注意培养学生能力，发展智力，特别是思维能力。教学中要把基础知识教学与培养能力、发展智力结合起来，使之互相渗透、互相促进，培养学生的自学能力、学习兴趣和良好的学习习惯，充分调动学生学习语文的积极性，这样才能保证课堂教学质量。

多措并举，助力小学"学困生"轻松写作

　　长期在应试教育理念的影响下，部分教师过于重视课堂教学，忽略与学困生的情感沟通，在写作教学中，缺少对学困生写作表现的激励，不注重方式方法，学困生难以获得写作上的进步。教师应该调整自己的姿态，改变自己的眼光，注重对学困生的观察和分析，并用肯定的态度对待学困生，激励学困生对写作产生兴趣，从而促进学困生写作水平的提升。

一、写作教学过程中学困生遇到的困难与对策

1. 学困生对写作有畏难、敷衍的情绪

　　对于不少学困生来讲，写作文是很头疼的事。对于教师布置下来的作文都会有抵触的情绪。许多学困生选择一拖再拖，最后到了"大限之日"，不是选择"躺平"，就是临时抱佛脚，碰运气。相较于教师布置的作文题，回到家中玩游戏的时候，学困生们又是另外的模样。他们生龙活虎、精力旺盛，可以通宵达旦、废寝忘食、神情专注地玩网络游戏，在精神层面达到一种忘我的状态。这种强烈的对比归根结底还是学困生对写作有畏难心理，他们心里害怕，听到写作就发怵。

　　针对这样的问题，教师应该引导学困生放下心理包袱，不要害怕犯错，给学困生更多的信心。小学学段的困生经常会在写作

时犯下低级错误，教师不应该抓住学困生写作上的一些小缺点不放。有些教师喜欢在课堂里对自己的学生在写作时出现的错别字或者语法上的小错误大书特书，这严重伤害了学困生的自尊心，让他们对写作产生阴影，也容易造成班集体对写作的普遍恐慌。学困生们都害怕写作，害怕出丑，害怕自己的小错误被教师当成段子讲给其他同学。教师应该从学困生的角度出发，体谅学困生对写作的畏难心理，作为教育工作者，要多一些耐心，学会发现学困生的优点，不要对学困生写作犯下的小毛病抓住不放。对学困生犯下的写作错误，在指导时要有更多包容的心态，不要让学困生觉得写作是沉重的包袱，想甩也甩不掉。教师可以多和写作有困难的同学沟通，在私下而非公开场所指出学困生写作时的不足之处，指出错误的目的不是打压，而是要帮助他们进步。只有正确的沟通才会收到正面效果。当学困生认识到自己的不足，在写作能力上有所提高时，相信他们也会非常高兴。甚至一些学困生不仅不厌烦写作，还会把写作发展成他们的兴趣爱好，将写作融入他们的生活中，把写作当成生活的一部分。

2. 学困生的基础薄弱

细心的人会发现，每次到了作文课，总有些学困生焦虑地坐在课堂里紧锁眉头，过很久，写在文稿纸上的依旧是标题，挤不出一句话；好不容易写出两句，不是有错别字就是有语法错误；内容表达出来了，语句不够通顺；写得有模有样了，发现在内容上驴唇不对马嘴……诸如此类的问题，都可以归结于写作基础不够扎实，平时缺乏对写作素材的积累，到关键时候脑海里无法有效提取和写作相关的内容，同时对文字的驾驭能力明显不足，写作的训练量也严重不足。许多学困生在写作课上，才学会写一篇文章，这样达不到提高写作能力的目的。

针对这样的问题，教师可以鼓励学困生将自己的生活感受用文字记录下来，这种方式可以很好地培养学困生对素材的积累意识。在教学中，教师还可以用更加创新的办法激发学困生对阅读的兴趣，让他们对从文字中获取知识的方式产生强烈的渴望，兴趣才是最好的教师。而在写作技巧上，教师也可以传授一些简单的方法。比方说，可以运用一些恰当的形容词、叠词、修饰词、限制性词语，更加生动形象地描述事物，也可以运用一些恰当的修辞手法。比如夸张、拟人、排比、比喻等小学阶段经常使用的方法，或者可以引用一些名人名言，一些世界名著中的经典段落，甚至经典影片中的人物台词来丰富自己的语言表达。在写作文时恰当地引用，会给文章添色不少，让文章更有文采，同时也体现了学困生宽广的知识面。想要活学活用写作技巧，光靠死记硬背、生搬硬套是绝对不行的，只有经常训练，才能熟练运用。

二、写作教学中，教师存在的不足与解决对策

1. 对小学写作教学的重视不足

写作教学一直都是语文教学工作的重点，它是培养学困生语言组织能力，激发学困生发散思维，开发创新思想的重要手段。然而，在小学阶段，考虑到学困生年纪尚小，还缺乏足够的思考能力，学习能力不强，生活阅历不丰富，写作素材积累不够，教师在布置写作任务时，无法对作文内容的深度和广度提出很高的要求。教师会误认为对低年级学困生的写作指导意义不大。低年级学困生很难掌握复杂的写作技巧，对生活的思考，因为年龄的限制，缺乏足够的深度，在低年龄阶段，无法写出高水平的文章，所以不需要对写作提出太高的要求。既然对小学作文要求不高，也没必要投入太多的精力，等他们长大一些，或许就能写好文章了。在这样的错误认知下，教师对写作教学缺乏足够的重视。在小学阶段，可以把教学的重点从写作技巧转到兴趣爱好的培养上，让学困生喜欢作文。

教师可以用更加多元的方式，给学困生传授知识。在条件允许的情况下，教师去多媒体教室授课，在课堂上给同学们播放电影、音乐，通过比较新颖的方式来表达写作教学的内容，把学困生的注意力引到写作课上。此外，教师还可以定期举办一些小的辩论游戏，活跃课堂气氛，让学困生从不同的感受中充分体验到快乐，对激发学困生的想象力和创造力非常有帮助。我们可以从加大对学困生写作兴趣的培养入手，让学困生逐渐养成写作的习惯，以此来提升写作教学的有效性。写作来源于生活，学困生阅历不足，作为教育工作者，可以引导学困生平时多参与社会活动，留心身边的细节，用心体验生活，感受人情冷暖。教学困生写文章要发自内心，要有真情实感。

2. 应试教育的局限性

应试教育容易固化学困生的思维，对发散性思维的培养很不利。应试教育还容易不同程度地打击学困生的写作热情，对学困生写作兴趣的培养产生很大阻力。在课堂里，语文教师经常会为学困生提供所谓万能的模板，只要找到与模板相对应的试题，就生搬硬套，这完全背离了教育以培养学困生的写作能力为目标的初衷，这种毫无亮点新意的开头结尾，千篇一律的写作内容，让小学写作呈现流水线生产快餐作文的趋势，学困生无法真正地从这种应试教育的学习中提升写作能力。

小学生还处在对世界的探索阶段，不按常规套路行事，容易突发奇想，产生一些颠覆常识的认知。遇到这种情况，有经验的教师应该鼓励学困生敢于表达，把自己的潜力发挥出来，而不是盲目打击学困生，扼杀孩子的天赋。结合不受约束的想象力，接受教师对写作的修改建议，学困生往往可以自己创造出充满浪漫童趣的美文，而这正是写作教学想要达到的目的。只有密切关注生活，才能够为写作积累真实可靠的素材。作品源自生活，很多时候是我们的观察不够细致，缺乏正确看待问题的视角。教师需要给学困生正确的引导，帮助学困生建立抽象文字与现实之间的联系，源源不断地把生活中美好的事物、脑海中生动有趣的画面、情绪上感人至深的内心波动与作文建立联系。鼓励学困生感受美好的生活，用文字表达自己的所感所想。

3. 教师与学困生之间缺乏沟通

传统的小学写作教学中有个常被忽视的问题，那就是教师布置的命题作文往往与学困生关心的热点脱节，学困生无法从自己的经验和积累的生活素材中找到能迎合作文题目的内容。这一问题也暴露出教师对学困生所处的时代缺乏足够的了解，教师和学困生活在两个世界里，缺乏足够的交流和了解。教师审查学困生的视角不够开阔。在信息化时代，许多学困生用微信、qq，平时也喜欢玩抖音，看短视频，参加一些二次元的动漫活动，他们有极其丰富的精神世界，有丰富的网络用语，在网络世界，有他们喜欢的丰富素材。教师应该针对这样的现状，在写作的命题上做出针对性的调整，建立各个年级作文试题的题库。提升写作水平可以说是"路漫漫其修远兮"。学困生应当耐得住寂寞，学会信任教师，只要愿意在这条道路上走下去，教师愿意充当那个指引你前行的灯塔。教师则应当鼓励学困生在提高写作能力的道路上保持足够的耐心，并且坚信这种坚持不懈的努力，在可以预料的未来会结出可喜的果实。

4. 评分标准不够明确

我们的教师过于追求完美，在批改文章时对评分标准过于追求面面俱到、贪大求全，这样反而无法明确具体的评分要求。教师可以转变观念，调整原先的评分标准，每一次作文课都明确几个具体的评分点，按具体的要求给分，而不是像平时一样，单纯凭主观印象和学困生平时的语文水平盲目打分。原先一些基础不太好的学困生会在教师主观印象的干扰下拿不到高分，久而久之，他们就失去了写好文章的上进心。他们会觉得再怎么努力也得不到高分。如果教师能明确评分标准，只要达到某个评分点就给分，学困生达到相应的标准也能得高分，那么就能有效激发每个学困生的写作动力。有了前进的方向和动力，学困生写起文章来也就更有自信了。

综上所述，在小学语文写作教学中，教师应该增强对学困生的关注，结合学困生的实际情况，激活学困生的写作兴趣，锻炼写作思维。为此，教师应该遵循写作教学有生活、有激励、有应用的原则，并采取科学合理的教学策略，帮助学困生获得写作技能。教师可以通过从生活出发，培养学困生的观察能力，焕新教学形式，锻炼学困生的写作技能，深入学困生内心，树立学困生的写作信心，从而全面提升学困生的写作水平。

班主任如何教育家庭教育缺失的学生

家庭教育者在学生的成长和发展中扮演着至关重要的角色。然而，现实中存在着一些学生面临家庭教育缺失的情况。这可能是由于家庭背景、家长教育观念的不同、缺乏良好的家庭环境等原因导致的。这些学生往往面临学习态度不端正、行为举止不妥当、社交能力十分欠缺等困扰。在学校中，班主任作为学生日常教育的引导者，起着至关重要的作用。他们不仅要担负起教学任务，还需充当学生的心理支持和引导者。因此，班主任需要具备一定的专业知识和教育经验，了解学生家庭背景，并设法弥补他们因家庭教育缺失所带来的不足。本文旨在探讨班主任如何教育家庭教育缺失的学生。我们将首先分析家庭教育缺失的学生表现出的问题，然后探讨班主任在这一过程中的角色和责任。接着，我们还将提供一些方法和策略，帮助班主任更好地教育这些学生。同时，我们也将讨论班主任在教育家庭教育缺失学生中可能面临的挑战，并提供相应的解决方案和建议。通过深入研究和讨论，我们希望能够为班主任提供一些宝贵的指导和启示，使他们能够有效地教育并帮助家庭教育缺失的学生实现全面的成长和发展，这对于学生个人的未来和社会的发展都具有重要意义。

一、家庭教育的定义和内容

家庭教育是指家庭成员在日常生活中，对幼儿或青少年进行的教育活动。家庭教育是一种长期的、全面的教育方式，它不仅涉及知识的传授，更包含着品德和意识形态的塑造。家庭教育的内容主要包括以下几个方面：

1. 德育教育：家庭教育中的德育教育是一种长期而稳定的过程。家长不仅需要通过言传身教来引导和激励孩子，让他们从小就明白什么是正确的，什么是错误的，还需要引导孩子学会如何与人交往，如何遵守基本的社会规则等。

2. 智育教育：家庭教育中的智育教育主要是指知识、技能和能力的培养。家长需要指导孩子学会读书、运用理性思维进行分析和判断，以及培养孩子的好奇心、探究精神和独立思考能力。

3. 体育教育：体育教育是家庭教育的一个重要组成部分。在这个过程中，家长需要引导孩子学会体育锻炼、保持健康的生活习惯，建立体育锻炼的意识培养相关兴趣。

4. 艺术教育：艺术教育也是家庭教育的一个重要方面。家长需要创造良好的艺术氛围，引导孩子学会欣赏音乐、戏剧、文学作品，以及学习绘画、音乐等艺术技能。

5. 生活教育：生活教育是指父母通过日常的生活，将经验传授给孩子，使他们掌握如何生活、如何处理人际关系、如何处理琐碎的日常细节等生活技能。

总之，家庭教育是一种全面的教育方式，通过有意识的引导、树立榜样和直接的传授，家长对孩子的身心健康、知识技能和人格等方面进行塑造和指导，使孩子在成长过程中得到全面发展和提高。同时，在家庭教育中，家长也需要注意家庭教育的方式、方法和原则，充分尊重孩子的个性和特点，避免对孩子的不当干预和限制。

二、家庭教育缺失的常见表现

家庭教育缺失可能导致学生表现出各种问题和困扰。以下是一些常见的家庭教育缺失的表现：

1. 学习态度问题：家庭教育缺失的学生往往缺乏对学习的积极态度和自我驱动力。他们可能缺乏学习方法和技巧，不善于自主学习，对学习缺乏兴趣，容易产生厌倦学习的情绪。

2. 行为举止问题：家庭教育缺失的学生可能表现出不良的行为举止，如缺乏自律、不尊重他人、不遵守规则等。他们可能没有受到正面的教育和引导，缺乏良好的行为习惯。

3. 社交能力缺乏：家庭教育缺失的学生可能缺乏与他人良好交流和建立友好关系的能力。他们可能不懂得如何与人合作、沟通和解决冲突，容易受到排斥和孤立。

4. 情绪管理困难：家庭教育缺失的学生可能情绪管理困难，难以控制自己的情绪。他们可能缺乏情绪表达和调节的技巧，容易产生愤怒、焦虑、沮丧等消极情绪。

5. 价值观混乱：家庭教育缺失的学生可能缺乏正确的道德观念和价值观。他们可能对社会规范和道德准则缺乏基本的认识和理解，容易受到负面价值观的影响。

这些表现只是家庭教育缺失学生可能出现的一部分问题，每个学生的情况都有所不同。然而，了解并察觉这些常见表现可以帮助班主任意识到问题的存在，并采取相应的措施来提供支持和辅导。重要的是，班主任应该通过理解学生的背景和情况，构建信任和积极的关系，为他们提供适合的教育和帮助。

三、班主任教育家庭教育缺失学生的策略

班主任在教育家庭教育缺失的学生时，可以采用以下策略和方法来帮助他们全面发展：

1. 建立信任和理解：班主任应该与学生建立起良好的师生关

系，尊重和理解学生的个性和背景。班主任通过与学生沟通，了解他们的感受和需求，可以为他们提供更好的支持和辅导。

2. 个别指导和关注：针对家庭教育缺失学生的个别问题和需求，班主任可以提供个别指导和关注。通过制定个性化的学习计划、设定目标和规划，帮助他们建立自信、充分发挥潜能。

3. 建立正面的学习环境：为家庭教育缺失学生创造一个积极、互动和有支持的学习环境。班主任可以通过鼓励和赞扬来增强学生的自信心，提供适当的机会，创设适当的挑战，帮助他们培养学习兴趣，提升自主学习的能力。

4. 合理安排学习活动：班主任可以根据学生的实际情况，合理安排学习活动。通过选择适合学生的教学方法和教材，培养他们的学习能力和习惯，激发学生的学习兴趣。

5. 社交技能培养：针对家庭教育缺失学生社交能力的欠缺，班主任可以组织团体活动、合作项目和小组讨论等，帮助他们提高沟通交流、合作协调和解决冲突的能力。

6. 值得信赖的榜样：作为班主任，自己成为学生值得信赖的榜样非常重要。班主任应该展示良好的职业道德和精神风貌，以身作则，引导学生树立科学的价值观，构建正确的行为准则。

7. 家校合作：班主任应该积极与学生的家长进行沟通和合作，与他们分享学生的进步和成长。通过与家长的密切合作，班主任可以了解学生在家庭中的情况，共同制定教育的目标和计划。

8. 提供心理支持：家庭教育缺失的学生可能面临情绪和心理方面的困扰。班主任应该提供心理支持和帮助，鼓励学生表达自己的情感和需求，引导他们学会有效地应对挑战和压力。

最重要的是，班主任应该保持耐心和积极的心态，鼓励和支持学生的成长和发展。每个学生都有其独特的问题和需求，班主任需要根据学生的具体情况，灵活调整教育策略，并与其他教育者和专业人士进行合作，共同帮助学生克服家庭教育缺失的影响，实现全面发展。

四、结论

班主任教育家庭教育缺失学生的关键策略包括建立信任、个别关注、营造积极学习环境、培养社交技能、提供榜样和心理支持，并与家长进行紧密合作等诸多方面。通过综合运用这些策略，班主任可以帮助家庭教育缺失学生克服问题，实现全面的个人成长和学习发展。

高效解读文本方法举隅

    阅读是以文字材料为对象的特殊活动，它需要阅读主体充分发挥能动性，积极进行智慧性的创造，只有如此，才能将文字符号负载的信息转化为头脑里的认知形象。要达到这一目的，就必须在"新"字上出彩，在"巧"字上下功夫，在"激"字上做文章，通过多种方法、途径，最大限度地激活学生的思维，使学生的阅读能力在课堂这一主阵地上得以广化、深化和优化，形成阅读教学的最佳状态，实现阅读教学的最佳功效。

    我们要达到对文本深入而独到地解读的目的，必然要熟悉文本、直面文本、回归文本，通过文字与作者进行真正的心灵层面的沟通与交流，真正做到走进作者的内心与灵魂，与之碰撞出智慧的火花，让语文课堂充满自己的个性和色彩！

    如何高效解读文本、创建高效语文课堂呢？这必须依赖语文教师的深度备课、解读文本。

    文本就是教师的教材（课文），解读教材的重要性毋庸置疑，但作为一名专业的语文教师，拿到教材究竟该如何解读，这不是一个简单的问题，需要我们用心去思考。那么，究竟需要如何解读教材呢？

    我们在解读教材的时候，面对文本，可以按照以下步骤解读——

第一，文本究竟说了什么

这里的"究竟"，是指读到一篇文章时，一定要把原文研究清楚。这就像我们指导学生读书一样，要让学生读通、读顺、读懂。试想，如果连原文的字句都读不通，怎么可能谈得上理解。我们看到有的老师，教材拿到手里，不断地大声朗读，正所谓"读书百遍，其义自见"。不过，也有的老师，文章还没怎么读，就忙着找资料，上网搜寻各种教案设计，可谓舍本逐末。

案例：

湘教版五年级上册中的《普罗米修斯》，是一篇古希腊神话传说。它表现了普罗米修斯"不畏强暴、为民造福、不惜牺牲一切"的伟大精神。文章的语言平实易懂，故事情节也并不复杂，对于四年级的学生而言，读懂内容并非难事。但是怎样通过语言文字的品读、揣摩，抓住重点词句，体会普罗米修斯的勇敢与不屈的形象却并非易事。

教师怀着一种敏感和警觉，一遍遍地读，课文渐渐地浓缩成了一个关键词和两幅画面。

课文中的"惩罚"一词，可谓关键。寥寥二字，看似简单，实则蕴涵极深，值得细细品味。

体现线索脉络："惩罚"是贯穿故事的起因、经过、结果的线索脉络。

彰显人物精神："惩罚"也是故事中人物形象的真实写照。他接受惩罚的勇气让我们深切地感受到他的不屈灵魂和高贵人格。

聚焦"惩罚"一词，既能驾轻就熟地梳理文章的来龙去脉，又能够提纲挈领地捕捉人物的灵魂精神，实乃牵一发而动全身。

两幅画面，抓住"惩罚"这个关键词，在语言文字的寻觅对话中，课文中两幅悲壮的画面浮现在眼前：

"锁"之悲：

"普罗米修斯的双手和双脚戴着铁环，被死死地锁在高高的悬崖上。他既不能动弹，也不能睡，日夜遭受着风吹雨淋的痛苦。"铁链锁住的仅仅是手和脚吗？更有那失去的宝贵的自由呀！一个"锁"字，书写出普罗米修斯那不屈服的英雄气魄，吟咏着他那惊天地泣鬼神的伟大牺牲精神。

"啄"之痛：

"狠心的宙斯又派了一只凶恶的鹫鹰，每天站在普罗米修斯的双膝上，用它锋利的嘴巴，啄食他的肝脏"。白天，他的肝脏被吃光了，晚上，肝脏又重新长出来，日复一日，年复一年，痛苦没有尽头。普罗米修斯遭受着常人难以承受的折磨，这其实是一种比肉体摧残更可怕的精神上的折磨。一个"啄"字，镌刻着普罗米修斯光辉的形象，也铺就着英雄为民造福的礼赞。

一个"锁"，一个"啄"，是整个语段的向心力，整个语段的支撑点，两个字凝聚了这两个语段的全部精神内涵，紧紧围绕这两个字，引导学生诵读文字，展开想象，提供画面，体验情景，便能立体丰满地感受普罗米修斯遭受到的巨大痛苦，从而升华对人物形象的熟知。

对语文教学和语文课程来说，"教什么"的问题是第一位的问题，细读《普罗米修斯》一课，发现、筛选、落实好上述教学内容，已足矣！

第二，文本想要说什么

这一步骤，意在弄清最初作者"想要"说什么。也就是说，一句话之所以作者这么表达，背后一定有一些相关的因素；一篇文章之所以这样描写，一定有相关的背景，因此，我们必须注意到作者的个人生平、历史背景怎样，当时有什么思想等等。这就好比我们平常看到的一篇喜爱的文章后，会不自觉地查阅作者简历和文章的背景资料一样。

如《妈妈的账单》一文中，"彼得的母亲仔细地读了一遍，然后收下了这份账单，什么也没有说"，就是这一句看似不经意的话，有学生质疑："妈妈为什么不直接教育彼得，却写了一份0芬尼的账单，这不是故弄玄虚吗？如果彼得不理解怎么办？"对此，教师可引导学生细读文章的这一看似不经意处："彼得的母亲仔细地读了一遍，然后收下了这份账单，什么话也没有说。"其中，从"仔细"二字可以体会到母亲读得很用心，一边读一边在思索：该怎么对待这份账单？而"收下这份账单"表明母亲已经有了自己的考虑，已经胸有成竹；最后的"什么也没有说"说明沉默的母亲其实正经历着一场非常痛苦的思想斗争、一个艰难的心理磨砺过程。细读时，结合情境还原的方法引导学生边读边想：当时彼得母亲的感受是怎样的？为什么她"什么话也没有说"？难道她真的没什么话可说吗？她想说，又会说什么呢？最终她为何还是"什么话也没有说"？从中我们可以体会到什么？

学生通过阅读文本，理解了"母亲"同样采用账单的形式，不同的是将"60芬尼"改为"0芬尼"，表明妈妈的爱是无价的，也是无私的，是从不计报酬的。母亲这样做，既教育了彼得，更保护了他的自尊心，让其自我觉醒。

在一次比赛课中，有一位老师执教《丑小鸭》，可以说是一节很完美的课，老师此时正准备满腔激情结课时，一只小手高高地举起，不等老师反应就迫不及待地站了起来，说："老师，我很喜欢这只勇敢、漂亮的丑小鸭，您能告诉我它是公的，还是母的？"一石激起千层浪，顿时，教室里就像炸开了锅一样，老师顺势让孩子们讨论——汇报——再讨论——再汇报。

你们说这样处理好不好？为什么？你会怎么处理？

我们不妨用一句这样的话结束："学习课文后，这孩子有自己的想法，不错！不管这只丑小鸭是公的还是母的，它都经过自己的努力变成了美丽的天鹅。"我们平时说课堂要体现价值，而刚才这位孩子提出的这个问题没有讨论的价值，我想，可能安徒生也没有去考证这只丑小鸭的性别。

第三，文本能够说什么

不同的人读同一本书，往往会有不同的理解，特别是人文方面的书，正所谓"一千个读者，有一千个哈姆雷特"。

就课文《圆明园的毁灭》来说，大多数教师会把教参中的"表达了对帝国主义的憎恨，要雪我国耻，振兴中华"当作这篇文章的主题。结果，教师在教学中就落脚在这点上。最后，学生高喊口号，对文章的理解停留在对帝国主义的"恨"上就结束了，从而显得理解得肤浅。

实际上，这篇文章的主题应该落脚在"毁灭"上。如果这样定位，我们的教学就会围绕"毁灭"做文章——"圆明园烧掉的究竟是什么""毁灭的是什么""永远也毁灭不了的是什么"。这样，对文章的理解，就不仅仅停留在肤浅的政治思想上，而是留给学生深深的思考。

课堂上，窦桂梅老师和学生们一起感受了圆明园在中国乃至世界文化史上的价值以后，在让学生体会"圆明园的毁灭"是中国乃至世界文化史上不可估量的损失的时候，课件的底色由体会"价值"时的白色瞬间变为体会"损失"的黑色，这一"白"一"黑"的变化造成了强烈的视觉反差，在我们的心中引起了深深的震撼，沉甸甸的情绪瞬间涌满了心怀。

在引领学生们了解了大火烧了三天三夜的基础上，在明白了烧掉一幅历史名画只用了几秒钟，烧掉一座建筑，比如"平湖秋月"只需几分钟以后，课件播放大火焚烧圆明园的录像镜头。画面上，除了烈火熊熊、浓烟滚滚以外，什么都看不到。而且这是一段无声录像。但是在这静静的燃烧中，我们却有了强烈的"于无声处听惊雷"的感受，我们仿佛看到了房倒屋塌的场面，看到了烧焦的凉亭带着火苗砸下来的场面，我们仿佛听到了名画珍玩在大火中哭泣的声音……通过这无声的大火，我们的思绪跨越时空飞到了那令人辛酸、心寒心惊的时刻……去掉声音，这是多么富有创意的设计啊！

在结尾处，窦桂梅老师先采用教师引读的形式，用上"没有了……也没有了……"等连接句，对全篇课文进行创造性的朗读。接着，她用低沉的语调说"让我们永远记住这一天——1860年10月6日。就是从这一天以后，圆明园化为一片灰烬，什么都没有了。"然后，慢慢地擦黑板，只留课题，其余的都擦去，稍留残迹，全场沉默。此时我在想，窦老师哪里是在擦自己的板书，分明是模拟着英法联军焚烧圆明园，窦老师留下的哪里是字体的残迹，分明是被烧毁的圆明园废墟。这难道不是于细微之处见精神吗？

《圆明园》结课：

课堂上，学生在老师的引导下，"走近圆明园""走进圆明园""走出圆明园"，经过这样一系列的情感的撞击与洗礼，每一个学生的脸上都是凝重的。"圆明园"与"毁灭"相连，它留给我们的不仅仅是耻辱，学生们倾吐了内心的感受，它也是"墓碑""警钟"……在此基础之上窦老师是这样结课的：圆明园的大火早已熄灭，可是我们思考的脚步却不能停止。有着五千年文明的强大的中国为什么几千个强盗能杀到京城？圆明园烧掉的究竟是什么？毁灭的究竟是什么？永远也毁灭不了的是什么？也许，今天的学习知识给同学们打开了一扇小小的门，但我希望大家能沿着这扇门，获取更多的视角，怀着更多的思考走向未来的人生。

以一连串的追问作结，这样的结课方式敲击着每一个在场人的心，在人们心中重重地画上了一个"问号"。它让我们有了更多理性的思考：无论是回顾历史，还是审视自己，我们在"问人"的同时，更不要忘记"自问"。唯此，在我们看待历史问题或者遇到事情时，才能有更多的视角，怀着更多的思考走向未来的人生。

第四，文本应该说什么

这是最关键的，也是最重要的阅读环节。当我们读完一篇文章后，必须要表明自己的立场，判断究竟怎样的解读才是最恰当的、正确的，符合相应学段语文阅读教学的。无论是理解古代经典，还是现代精彩的文章，当问过：它究竟说了什么？想要说什么？能够说什么？到了"应该说什么"这一步，就必须提出个人的见解。亦即要根据之前的"究竟""想要""能够"，最后判断出"应该"说什么。

可见，理解和解释的最终目的，是要比作者自己更好地理解作者。这时，课文的"意义"，从根本上说来自我们自己的生命。于是，教材就变得有意义，而这意义，正奠基于生命本身的意义。

案例：

学习《草船借箭》一文时，你就不会将诸葛亮的"神机妙算"，幻化成"神"的形象，你就会和学生一同超越书本，第一回合，在文本中体会诸葛亮"知天、知地、知人"更"知己"，体会所谓的"知己知彼"。第二回合，从课题的"借"出发，他借的是箭吗？他借的究竟是什么？再次回到课文，去体会"借着天时、借着地利、借着人和（有利的朋友、有害的敌人都是成就他的要素）"，才成就了自己，可谓"天时地利人和"，缺一不足以成事。到此，学生获得了一个重要的理性思考，而不是仅仅学会了一个《草船借箭》的故事。不然，这个故事除了赞叹孔明的了不起之外，对于学生自身还有什么意义呢？

再如《愚公移山》是一篇寓言，主题是反映一种锲而不舍的精神。对此，我们不能无限扩大或者改变主题。比如，有学生说："愚公真是愚蠢，绕道搬到山的那一边不就解决问题了吗！干吗还要费那么大的劲，让自己、让儿子甚至让孙子不停地'移山'？"对此，教师就要加以引导。因为，学生对主题的理解与寓言本身的主旨不符，是不合适的。

同样《狐狸与乌鸦》，如果任意想象，可以发散许多，说乌鸦的聪明、狐狸的狡猾……有的说"做买卖要学乌鸦"，还有的说"你要得到一种东西，就要学习狐狸说好话"。这些都背离了诚信待人的处世之道，也是不合适的。因此，教师教学时，一定把握好文章的主题规定性。

总之，要打造语文高效课堂，教师必须有效解读文本，必然要熟悉文本、直面文本、回归文本，通过文字与作者进行真正的心灵层面的沟通与交流，让自己和学生在语文课堂上诗意地栖居。

把握好语文知识的难易度，
上出良好的效果来

  按照苏联著名的心理学家维果茨基的"最近发展区"概念，教学就是把"最近发展区"转化为"现有水平"的过程。所谓适当的难度就是处于"最近发展区"水平的知识。难度一适当，深者浅出，浅者深入，将具体化为学生容易感知的事物，就能激发学习兴趣，刺激智力的发展。因此上语文课，在难易度的把握上，注意了三个方面的问题，就能让学生欣然接受，让语文课堂妙趣横生，从而达到良好的教学效果。

  一、对较难接受的内容，教师要化难为易，用学生能接受的方式，用通俗易懂的语言去教

  小学语文，从三年级开始直到六年级都有"反问句与陈述句相互转换"这个知识点，每次考试出这类题型，我们班 60 个孩子，至少有 10 个人要出错，无论老师怎样反复地讲解改反问句的方法："难道加否定词或难道加肯定词"，那部分学困生永远是一头雾水。为了降低或消除如此多的错误率，我把解答这类题目的方法总结成了一句话：即有"不"去"不"，没"不"加"不"，再加上反问词。这样一来，学生果然找到了规律，出错率也极少了，除了非常特殊的句子，一般情况，都能"搞定"。

在修改病句中，有一种带"使"字的病句。如：通过教育，使我明白了许多做人的道理。有一部分学生，即使老师三番五次地讲解：因为有"使"字，害得句子没主语，去掉"使"，主语就是"我"，这样句子就通顺了。可到了下次，或把句子稍作改动，那部分学生就不知道改了。于是，我把这类病句的改法编成一句话：有"使"去"使"，有些学生还傻乎乎地边偷笑边念叨着：好玩、好玩，有"屎"去"屎"……这样一来，学生记住了修改方法，错误率明显降低许多。

二、对较容易的内容，不要停留在知识表面，要挖掘课本背后和字里行间蕴藏的奇珍异宝

如：教学《丑小鸭》片段。

他感到非常难为情。他把头藏到翅膀里面，不知道怎么办才好。他感到太幸福了，但他一点也不骄傲，因为一颗好的心是永远不会骄傲的。他想起他曾经怎样被人迫害和讥笑过，而现在他却听到大家说他是美丽的鸟中最美丽的一只。紫丁香在他面前把枝条垂到水里去。太阳照得很温暖，很愉快。他竖起羽毛，伸出他细长的颈，从内心发出一个快乐的声音：

"当我还是一只丑小鸭的时候，我做梦也没有想到会有这么幸福！"

师：如果说丑小鸭的过去是苦难的，那现在就是——

生：幸福的。

师：是的！可丑小鸭却难为情了，把头"藏"在翅膀底下。从内心发出一个快乐的声音：（引读）——

"当我还是一只丑小鸭的时候，我做梦也没有想到会有这么幸福！"

师：请问，在这个天鹅的世界里，小鸭为什么要藏，藏的究竟是什么呢？

生1：不敢相信自己是白天鹅，还觉得自己是丑小鸭。

生2：当我是只白天鹅，也不骄傲。

师：真了不起！发现了小鸭藏的是一颗谦虚的心，看来，他藏的，不仅是个动作，更是一种姿态。此时幸福的小鸭，藏在他心中的是他成功后的谦卑。我相信，随着年龄的增长，你们会对"谦卑"有着更深层意义的理解与感悟。而"苦难中追求梦想，幸福中心怀谦卑"应该就是安徒生的人生追求。

教师应该讲出自己钻研教材的心得体会，独到之处，要有见地，有升华处，从而引导学生超出课本达到新境地。

三、将具体化为学生容易感知、接受的事物

复习旧课，难免"炒冷饭"，但如果改变一下思维方式，创新一些设计，让"炒冷饭"花样翻新变成蛋炒饭，从而变得有滋有味，吸引学生，让学生接受。

1. 看书默写词语

每次让学生听写、默写词语，总有学生想着偷偷看书，或看旁边的同学。从心理学的角度看，这时记忆的效果是特别好的。所以这时我允许学生在这个时候有一次看书的机会，只是看书时不能写，合上书以后再写，这样一来，原来的偷看变成了公开的看书，学生也觉得坦然，关键时刻看了一眼，把暂时遗忘的词语又记起来了。

2. "接龙"背课文

背诵课文是大部分学生都头疼的作业，但是通过背诵可以使语言材料内外结合成为学生终身有用的东西。小学生喜欢有挑战性的活动，他们会在挑战中迸发激情，成语接龙时学生大多激情四射，而背诵也可以"接龙"。复习时，每个小组八个同学"接龙"背诵，每人一句背课文，进行背诵接龙，谁背错了，接龙出局，看谁坚持到最后。这样的形式，学生兴趣特别高，谁都不想

早早被淘汰，都想背到最后，兴致高的学生在课前就做准备，好在课上证明自己的实力。

总之，上好语文课需要许多策略和方法，不过，无论是教语文还是学语文都要注重实践，而实践中最关键的是要"用"，并且要遵循教学规律，把握教学原则。

基于"双减"背景的小学语文阅读指导策略

当前小学语文阅读教学中常用的模式之一就是整本书阅读，通过教师的有效引导和学生的有效阅读，能有效突破传统阅读教学模式的局限性，促进学生理解能力与阅读水平的提高。"双减"的目的在于充分发挥学生在学习中的主观能动性，使学生获得良好的学习专注度和学习体验，而基于"双减"背景下的整本书阅读，则需要教师给予科学合理的指导，采取切实可行的指导策略，如此方能实现预设的目标。

一、"双减"背景下小学语文整本书阅读的意义

在"双减"政策大力落实的背景下，小学语文教师开展整本书阅读活动具有积极的意义，不仅有利于学生自主探索语文阅读知识，体会学习的乐趣和学科的魅力，还能帮助学生感知广袤无边的语文世界，获得语文综合水平的提升。学生能通过阅读跌宕起伏的故事情节，吸取文字创作的精髓，强化自身的语文学习体验和综合发展，从内心深处爱上语文、爱上学习。当前"双减"背景下的教育界愈加关注整本书阅读，这是因为整本书阅读是传统语文教学的拓展和延伸，能有效满足学生阅读需求的阶段性与连续性，提高学生的想象力和审美能力。教师在"双减"背景下，通过对课外时间的有效利用，引导和鼓励学生参与到整本书

阅读活动中，有助于学生感知实际生活与语文学习的密切联系，学会在语文知识的学习中感受生活，在现实生活中探究语文知识，进而达到理想的教学效果。

二、双减背景下小学语文阅读指导策略

（一）传授阅读方法，增强学生阅读体验

整本书阅读与碎片或者说片段阅读不尽相同。在进行整本书阅读后，学生能够整体了解故事情节的发展，对书籍的脉络有整体的把握，学生的逻辑思维能力会得到潜移默化的提升，还有助于完善学生的认知结构，更能提升学生的思考能力。经典名著的阅读是小学语文整本书阅读的重要载体。但是有些经典名著的篇幅较长，也有些经典名著的内容、情节太过于复杂，语言较深奥，较有哲理性。如果是中国古典名著，半文半白的语言更是阻碍了学生的阅读兴趣。

（二）提高重视程度

在"双减"背景下指导小学生进行整本书阅读时，教师需要积极更新教学观念，主动改变自己的意识，加强对整本书阅读的重视程度，围绕学生的身心发展需要给予合理指导，以此实现学生文学素养与整体思维的培养。同时教师可以定期开展研讨会或读书交流会，营造良好的教师阅读氛围，如定期组织整本通读和分享交流，形成独具自身特色的阅读风格；或者是注重课程教学方式的创新与优化。

（三）强化课外阅读，做好积累工作

结合小学语文阅读教材的实际特点，受篇幅限制，不能够让学生通过阅读积累大量素材。根据教学大纲要求，在小学阶段，学生要完成100万字以上的阅读任务，因此在实际教学过程中，小学语文教师可以鼓励学生进行课外阅读，通过对古今中外优秀文学作品的阅读，不断开阔视野、增长见识，提升自身的思维层

次。在开展课外阅读过程中，小学语文教师应当提前为学生列出必读书目，要求学生做好读书笔记，在阅读后对读书笔记及时进行检查。有条件的班级也可以成立阅读角，让学生将自己阅读的书目分享给其他同学，同时定期举行读书交流会，鼓励每个学生阐述读书过程中的体会，营造良好的氛围。与此同时，小学语文教师应当与学生家长进行有效的交流与沟通，鼓励家长在业余时间监督学生阅读，避免手机游戏、网络游戏等给学生的成长带来不利影响。在阅读教学过程中，小学语文教师应当加强宣传，让学生认识到积累对于今后学习的重要性，培养学生各方面的意志品质，让学生在学习过程中不断提升自身能力。

（四）转变阅读教学理念，以生为本

语文阅读教学同其他科目的教学一样，在新课标背景下都要充分认识到当前教学的核心目标，即通过创新教学方式，培养学生的学科核心素养。因此，语文教师在开展语文阅读教学活动时，要充分重视学生的课堂学习地位，要勇于打破以往传统的以课堂知识为中心的教学方式，转变教学理念，将课堂教学过程始终立足于学生的学习需求、兴趣特点，坚持"以生为本"，重新定义课堂教学目标，激发学生的课堂积极性，让学生在主动探索中不知不觉获得对语文阅读的掌握能力。

（五）构建阅读情境，激发学生兴趣

语文教师将生动有趣的教学内容与整本书阅读进行有机结合，通过不断变换的教学内容提升课堂吸引力。从以往的教学经验中，我们可以做出总结和判断，在整本书阅读中，如果教师只是带领学生去完成识字断句，学生会降低阅读的情绪，也会在阅读时产生错误的认知，导致自身的理解能力、思维能力都没有充分发挥。信息技术的情景创设，是激发学生阅读情绪的重要方式，教师可以用更加真实的情景内容去营造课堂氛围，给学生带来身临其境的感受，构建立体化的整本书阅读理念，为学生创设教学情境，学生就能走进书籍里去体会描述的内容，理解书籍表述的内涵。教师需要及时转变教学观念和教学方法，从多媒体的发展角度来讲，对课堂教学是具有重大意义的。将原本枯燥的文字转变为图像、动画、视频、声音等形式，这种教学模式不仅可以丰富教学内容，还可以在一定程度上增强课堂的趣味性，为学生创设良好的阅读体验。

结合小学阶段教育的实际特点，该阶段是培养学生阅读兴趣，以及养成良好阅读习惯的黄金时期，该阶段的阅读教学工作对于学生未来的发展具有重要意义。因此，小学语文教师及其家长应当提高认识，鼓励学生进行阅读积累，选择适合的书籍，在阅读过程中塑造学生的人格，培养意志品质，树立正确"三观"，为今后的学习、生活做好准备。

浅谈班主任与家长有效沟通二三事

有人说，一个人的成功，70%取决于沟通的能力。这话虽有点夸张，但是对于班主任来说，沟通能力的强弱，的的确确极大地影响着我们工作的成效。管理学生需要沟通，协调科任教师之间的关系，需要沟通，与家长合作共同教育孩子，也需要沟通。那么，怎样才能更好地与家长沟通，达到自己的教育目的呢？我认为在与家长沟通的过程中应注意掌握以下分寸。

一、虚心听取家长建议，了解家长真正用意

成功的老师通常是最佳的倾听者。倾听并非意味着不说话，但倾听一定是少说话。在倾听时，要听明白家长反映的事情和此次谈话的真正用意。

任何教师，无论具有多么丰富的实践经验和深厚的理论修养，都不可能把复杂的教育工作做得十全十美、不出差错。与此同时，随着整个民族素质的提高，家长的水平也在不断提高，他们的许多见解值得教师学习和借鉴。加之"旁观者清"，有时家长比教师更容易发现教育过程中的问题。因此，教师要经常向家长征求意见，虚心听取他们的批评和建议，以改进自己的工作。这样做，也会使家长觉得教师可亲可信，从而诚心诚意地支持和配合教师的工作，维护教师的威信。

比如：我们班有个学生，学习较认真，有上进心，但不活泼，很多时候都是沉默寡言的。有一次，他妈妈足足给我打了半个小时电话，谈话内容大概是需要我关照一下她的孩子，希望我经常让他回答问题，多让他参加学校里组织的各项活动，并给他安排一个班级职务。说实话，家长的出发点是好的，谁不想自己的孩子好呢，更何况她的提议也不是无理要求。只要我在工作中稍微动一下脑筋，像这样的孩子完全可以得到照顾。于是我把常规的课堂回答问题，改为以组为单位开火车回答；每节语文课课前五分钟，轮流进行语文百科知识演讲，轮流当小组长……

毫无疑问这种做法能得到绝大多数家长支持，能让大多数家长满意。在一次家长会上，这位学生家长做了一次发言，当着所有家长肯定了我这个班主任的工作态度、工作方法，宣传了很多正能量的东西，让我在家长面前无形中树立了好的形象。

二、了解学生的家庭情况，对不同类型的家长采取不同的沟通方式

学生来自不同的家庭，每个家长的文化水平、素质和修养都不同，因此，我觉得要根据实际情况巧妙地运用语言艺术与不同类型的家长进行沟通。如：一是对素质比较高的家长，我就坦率地将孩子在校的表现如实地向家长反映，并主动地请他提出教育孩子的措施，认真倾听他的意见和适时提出自己的看法，共同做好学生的教育工作；二是对那些比较溺爱孩子的家长，我就首先肯定其孩子的长处，给予真挚的赞赏和肯定，然后再用婉转的方法指出其不足之处，诚恳而耐心地说服家长采取更好的方式方法教育孩子。三是对那些放任孩子不管，把责任推给学校和老师的家长，要想办法吸引他们主动参与到教育孩子的活动中来，开始主动关心孩子，主动与子女沟通，与学校沟通，为学生创造一个良好的家庭环境。四是对后进生或是认为自己对孩子已经管不了的家长，我们应尽量挖掘其孩子的闪光点和特长，让家长看到孩子的长处和进步，对孩子的缺点适时地每次说一点，语气委婉，并提出改正孩子缺点的措施，重新燃起家长对孩子的希望，使家长对孩子充满信心，只有这样，家长才会主动地与我交流孩子的情况，配合我共同教育好孩子。五是对个别不太讲理的家长，或是不理解学校的一些工作安排的家长。遇到这种情况时我就沉住气，先让家长说完，发完脾气和牢骚，并对家长的这种心情表示理解，然后再耐心地以平静的语气与家长解释、分析事情的利弊和对错，以理服人并体现出自己的宽容大度，赢得家长的好感，从而得到家长对学校教育工作的理解和支持。

班上有一个同学，家庭作业完成情况不好，有时是完不成，有时虽然写完了，但错误很多，书写马虎。我几次打电话与其家长沟通交流，希望家长能做好家庭辅导。但家长有时说工作忙，没时间辅导孩子写作业，有时虽然答应教师好好辅导孩子写作业，但之后孩子的作业完成情况仍然没有好转。

我仔细分析了原因：这位家长也许真的是工作忙，但我觉得偶尔抽一些时间管孩子还是能做到的。另外，家长有时好像有点敷衍塞责，对孩子的学习不太重视，有点放任自流。但我没有放弃对这个孩子学习的关注，没有放弃跟他家长的沟通交流。我继续用通电话或预约见面的方法与他交流学生的学习情况，争取家长的配合。每次交流时，我都很尊重家长，没有过多地说学生学习存在的问题，也没有直接说家长哪些地方做得不好，以免让家长觉得教师心存抱怨。我本着对孩子关心负责的态度，怀着一颗真诚的心与其进行交流。对于孩子在校的表现情况，我做到"多报喜，巧报忧。"我说你的孩子性格活泼，关心集体，积极参加文体活动，反应也不慢，只是学习态度不好，所以影响了学习成绩的进步和提高。如果他踏实努力学习，家庭作业认真完成的话，成绩一定会很不错。由于我对学生有充分的了解，对其作了较为客观的评价，并且话语中饱含着对孩子的赏识和鼓励，使家长很信服，很感动。家长深切地感受到教师是真心实意地关心爱护他的孩子，老师所做的一切都是为了让孩子能够成为一个优秀的学生。我对他说虽然事情多，但孩子的学习也很重要，对孩子进行一些家庭作业的辅导也是很有必要的。他也渐渐认识到这一点，表示以后会多抽时间关注孩子的学习，做好家庭辅导，他还告诉我，必要时还会给孩子请一段时间的家教。我说除了学习，对孩子的纪律卫生习惯等方面也要进行教育，他欣然接受了。由于有了家长的配合，学生的学习态度端正了，家庭作业完成情况也变好了。

三、以诚相待，以心换心

与学生家长沟通，讲究一个"诚"字。只有诚心诚意，才能打动家长的心，使他们愉快地与您合作，有效地促进家长科学地开展家庭教育，提高家庭教育水平。班主任应用诚心架起与家长沟通的桥梁：

1. 不管是家访还是家长来校交换意见，我们应该立即转换角色，把自己当作家长的朋友，与家长说话就变得容易多了，千万不要板起面孔去教育家长应该怎样怎样，否则很难解决问题。家长来访时，应尽量做到起身欢迎，搬椅倒水，家长走时起身相送。同时要使用文明用语，等等。这样家长就会明白你是一位很有道德修养的班主任，为彼此间的交流奠定了良好的基础。

2. 家访或家长来访前要做充分的准备。为了让家长知道班主任对他的孩子特别重视，家访或家长来访要充分了解学生的情况，包括学习成绩、性格特点、优点和缺点、家庭基本情况以及班主任为这个孩子做了哪些工作等等，最好拟一个提纲。这样，在与家长交流时，就能让他产生老师对他的孩子特别重视的感觉，给家长留下班主任工作细致、认真负责的印象。如此一来，从感情上，家长和教师就更容易沟通了。

3. 当学生有进步时，一定要告知家长。

总之，掌握与家长沟通的技巧，才能让你的教育行为艺术化，才能达到"沟通零距离"的境界。到那时，你就不会为班主任工作所累，而是在切实地享受班主任工作带来的成就。

浅谈细化低年级写字教学

"世界上有一个古老的国家，它的每一个字，都是一幅美丽的画，一首优美的诗。这个国家就是中国。"我觉得这是展示汉字风采最佳的名言。汉字是中华文化瑰宝，其音形义相结合的特质赋予了它与拼音文字截然不同的特有魅力。在识字、写字的过程中，汉字给人的感官刺激是丰富的、奇妙的。语文教师应切切实实地加强写字教学，提高学生的写字能力，力争使学生终身受益。《新课程标准》指出：适当降低了写字的数量，在一定程度上是为了写字"质"的获得提供保障，呼唤老师写字过程，注重写字基本功的培养，高度重视写字姿势与习惯。如何在教学中细化写字呢？

一、少写多导，打好书写基础

《语文课程标准》明确指出，低年级"识写分开，多认少写"，正是考虑到汉字书写困难的特点。新教材第一学段按难易程度编排书写教学的内容，与识字教学相关但不同步，识多写少，识早写晚，一年级上下两册每篇课文中的一类字，最多没超过7个字，目的在于循序渐进，扎扎实实地打好书写的基础，不拔高要求，不提前让学生写那些虽然认识却还显得难写的字。"新课标"适当降低了书写的难度，不仅有利于写好字，也有利于写快字。有道是"基础不牢，地动山摇"，写字就得从基础抓起。

1. 正确执笔

执笔正确与否，直接影响到书写的速度。教学中，老师往往对写字姿势的理解只停留在"三个一"上，而对最为关键的执笔方法，却往往是不提及的。正确的执笔方法应该是：右手执笔，在离笔尖约一寸的地方，大拇指与食指的关节自然弯曲；中指的第一节垫在笔杆下端；无名指、小指依次自然弯曲向手心，并放在中指下方；笔杆后端斜靠在虎口接近食指根处，与纸面约成50度角；五指自然有力，掌心要空。每次写字时我都会让学生背一遍握笔姿势歌：拇指食指捏着，中指顶着，小指藏着。

2. 写好基本笔画、基本结构和基本字

每一个字都是由基本的笔画构成的。因此，写好一个字，就要写好它的每一个基本笔画，而每一个笔画在书写时，都有起笔、运笔、收笔三步。一年级写字教学中，在认识基本笔画的同时，就要对学生进行严格的笔画指导，通过教师示范、堂堂网课件指导、练习，把基本笔画练好，练熟，做到每写一笔都有起、运、收的痕迹。

汉字的结构变化多样，一年级学生都要求在田字格里写字。老师在范写时，要将田字格细化再讲解：哪是左上格，哪是左下格，哪是右上格，哪是右下格，哪是横中线，哪是竖中线。书写时，不要顶格，上下左右要留有一定的空隙，独体字要写在最中间的位置。写合体字时要指导学生认真观察，仔细临摹，观察田字格中生字的结构，明确各部分构字部件在田格中所占的比例和准确的位置。如：左右结构的字写在田格中要求左右基本等高，然后再看看具体分类如：左窄右宽，左宽右窄，左右相等。左中右结构的字各部分都要写得窄而长。有了整体上的认识，再要求学生一笔一画地写，这样才能把字写好。

3. 临摹

要想把字写得好看，除了老师的板书外，重点是指导学生临摹。一年级语文书的每一课后面都设计了生字描红。如果只要求学生描红，不动脑筋地依样画葫芦，一旦离开了字帖，学生照样不会写。所以到了一年级第二个学期我让学生临帖。开始时让学生认真读帖，用手指头在本子上画，样子有点记住了，再让学生看一笔写一笔或看一个部件写一个部件。对于刚学的孩子来说，开始要写得慢，写得要少，"边看边写"，看三眼写一个字。但当他们有了一定的写字基础时，一定要帮助他们养成"想好再写"的习惯：认真观察笔画的变化、结构的处理，分析笔顺的规则，达到"意在笔先"，做到"观察仔细认真，书写一气呵成"。

二、持之以恒，养成良好习惯

要想提高书写能力，前提是勤学苦练。

一要课上练。在课堂教学过程中，教师必须留给学生练写的时间，力争每节课都留有充足的时间让学生练习写字。一年级起步阶段，教师要详细指导写字的基本笔画、笔顺规则，一横，一竖，一撇、一捺要笔笔指导到位。随时提醒学生每个字每一笔在田字格中的位置、运笔方法，与上一个字笔画的间距，其长短如何，每一笔在田字格的哪个部位落笔，哪个部位收笔，在横中线（或竖中线）的哪个地方。整个字的结构特点，及各部分的比例，都详细讲解后，学生再进行练习，效果就会不一样。

二要天天练。每天要安排几十分钟让学生在教师的指导下练习。只要教师肯花时间来让学生练习，养成了认真书写的习惯，以后就轻松了。

事在人为，只要我们在写字教学中讲究指导方法，细化要求，进行科学的训练，就能把字写得又快又好，汉字的美自然会被展现出来。

小学生习作自改能力的培养

语文课程标准明确提出："要重视引导学生在自我修改和相互修改的过程中提高写作能力。"新教材习作编排中多次提到："写完后多读几遍，修改自己不满意的地方。"显然，新课标要求教师同步培养学生写和改这两种能力，引导学生在自我修改和相互修改的过程中提高写作能力。

可是现在学生自改习作的实际情况不容乐观，具体表现在：

1. 许多教师忽视学生习作自改能力的培养。教师包办代替，改得满纸通红，学生并不能完全理解教师的用意，更不可能转化为作文的实践能力。

2. 教师有培养学生自改能力的意识，但在训练中缺乏有效的调控和评价。有的教师不作切实的指导训练，就撒手让学生自我批改和互相批改，结果是学生不会修改，从而误人子弟。

3. 学生不会自改，修改时没有实质性的内容，大部分只会修改几个错字，病句，标点符号等。

4. 学生不愿互改，缺少合作，甚至是羞于以自己的文章示人。

由此可见，培养学生自改习作的能力是当前作文教学中一项刻不容缓的工作。只有改革教师一统天下的作文批改模式，引导学生自己改文，才能使学生逐步养成自改的习惯，领悟其中的窍门，从而大面积提高学生的写作水平。

近年来，在叶圣陶写作教学思想和新课标理念的指导下，我有意识地激发学生自改习作的兴趣，采取教师批改，学生互改，学生自改相结合的方法，以教师为主导，学生为主体，逐步培养学生自改写作的能力。下面谈谈我的做法和体会：

一、教师示范

要让学生学会自改作文，离不开教师的指导示范。通过教师示范，让学生从中领悟方法，为自改奠定基础。每次学生完成习作后，教师要浏览一下学生的作文，写二三篇典型习作或片段，在下次课的课堂上或通过实物投影仪展示出来，或当堂朗读，引导学生发表自己的见解。教师要把学生的意见与修改结合起来。用彩笔修改给学生看，同时简要地说明修改的理由和方法。讲评的重点必须针对每次习作的要求。通过讲评，指导学生了解这次习作主要改什么，怎么改。这样，学生从老师的修改演示中可以具体而直观地感知改文的一般方法和技巧，了解修改习作的过程。

教师示范时要采用规范的修改符号，并提前将统一的修改符号交给学生。如果使用的符号不统一，学生就看不懂修改者的用意，在自改时，也不知道该用怎样的符号。故此，教师要以统一的正确的修改符号来规范学生，并不断强化。除了书本上的一些规范符号外，还可以补充一些经常使用的符号，如：要增加几句话，就可以让学生在文中标上①②③……的序号，把相关的内容写在文后。

教师示范的过程中，还要注意修改方法的渗透。反复朗读，多次修改是切实可行的一种方法，因为学生对于语言的敏锐度，主要是从朗读中体会出来的。教师示范时，也应采取边读边改的方式，并将这种方法教给学生，他们逐渐会运用。

二、集体评改

这一步与教师示范修改的区别在于：示范修改时以教师为

主，而集体评改是在教师指导下，学生尝试改文。课前，教师可选择一两篇典型的病文。上课时，应先根据本次习作的要求确定修改的重点，再组织学生进行分组讨论，反复修改，教师则应做好巡视和指导工作。然后，再进行反馈交流，对学生提出的需要修改的地方和拟采用的修改方法，教师要善于引导辨析，从而提高学生的修改能力。最后，教师进行简要讲评，让每个学生充分明确本次习作的修改要求。此时，学生将自己的习作和被修改的例文进行比较，就会明白自己的作文好在哪里，差在何处，懂得了该怎样写，不该怎样写，当自己再次修改时，也就不会感到困难了。

三、学生互改

在学生具备一定的自改能力后，教师可组织学生进行互改。在互改的过程中，要注意互改对子成员的搭配，要让后进生有个良好的互改环境，体验到自己的进步。中等生和优等生在帮助后进生过程中，也应相应提高自己的修改水平。为了增加互改的趣味性，可以经常交换互改的方式。我一般采用以下四种方式：

1. 自由结对互改。请学生自己寻找一位习作写得好的学生当小老师，结对修改。另一方面，习作差的同学既可以多接触小老师的优秀习作，又能聆听小老师的耐心评点。久而久之，积少成多，必然可以慢慢领悟写作的方法、技巧，提高写文改文的能力。还可以同桌互改，一般来说同桌两人的学习情况是存在较大差异的，这样的组合也有利于互相修改习作。

2. 小组轮流互改。一个小组三四个同学轮流修改作文，交流的范围相对比较广泛，同学之间可以相互讨论、争鸣。从而扩展写作的思路，积累词汇量。如发现自己的文章的弊端与不足，能及时地进行补充、修改。这样，学生的收益会更大，接受也更快。

3. 同一题材互改。有的习作，部分同学会选择相同或相似的题材作为内容，可习作确实存在很大的差异。教师可以有意识地将写类似内容的学生编为一组，引导他们互相启发，互相修改，取长补短。

每次互改，教师都要根据各次作文的训练重点，明确修改要求，让学生有的放矢。不管是哪种形式，都要求学生签上自己的姓名，以示负责。互改结束后，教师要组织学生交换意见，共同探讨，取长补短。还要在学生互评互改的基础上进行一次全面复查，及时总结互改中的得与失。这样，通过学生互改，既发挥了群体的作用又调动了个体的积极性，而且提高了自改的能力。

四、独立自改

当学生初步具备了修改习作的意识和能力之后，教师要着重引导学生独立修改自己的作文。这对于提高学生的写作水平，培养学生修改习作的能力和习惯是非常重要的。自改前，教师还是要浏览全班的习作并进行简要的总评和提示，让学生明确评改的重点，集中注意力，以便有针对性地修改。自改时，要让学生各自反复默读自己的初稿，边读边修改。有些错别字、漏字、笔误及不通顺的句子，只要学生多读几遍，就能发现并改正过来。学生再把作文读给别人听，听者往往容易发现问题，从而使作者茅塞顿开。自改后，教师要对每一位学生的自改情况进行全面检查，通过批语和修改符号进一步指出问题，要求学生再改。这样坚持下去，学生自改作文的能力就会越来越强。

通过几年的实践，我认为培养学生自改习作的能力，绝不是为了减轻教师的负担的被动措施和权宜之计，而是全面提高写作教学质量的有效措施。通过训练和培养，我们班的绝大多数学生掌握了修改习作的基本方法，写作水平整体上有了较大幅度的提高。在实践中，我还认识到培养学生自改习作能力时，要注意循序渐进，不能急于求成，要一步一步地把修改作文的方法教给学生。教师要能容忍学生在修改过程中表现出来的不成熟，但也不能以学生修改完全代替教师修改。

第二章

带班育人方略

— 教坛追梦 —

巧用智慧担育人责任，问心无愧用爱育人

我的班级住在宜章县第三完全小学的六年级教室里，班里有55个孩子，55个孩子55朵花，55个孩子来自55个不同家庭，个个都是宝贝。40个活泼帅气、天马行空、成绩优异的男孩子，15个可爱友善、温柔优秀的女孩子。他们像美丽的天使一样组成了我的班级。

一、我的教育思想

我的教育思想很简单，那就是鲁迅先生告诉我们的：教育根植于爱。

二、我的管班理念

班主任是在广阔的心灵世界中播种耕耘的职业，他是天下最小的主任，但却是责任最大的主任，带着这份责任，也感受一份神圣，我走进了这个累并幸福的行列。我的管班理念是：用热情去工作，用真诚来沟通，用知识来教化，用人品去感化。理解、接纳、宽容学生，做事无愧于心，做一名有敬畏心的班主任。

三、我的管班策略方法

（一）培养一支高效率的班干部队伍

班主任工作十分繁杂，仅凭班主任的个人力量，想把几十个生龙活虎、个性各异的学生管好，那是很艰难的。一个良好班

级的管理，离不开一支强有力的班干部队伍。注重培养学生干部，使他们成为班主任的左膀右臂，这样可以既减轻班主任的工作量，又激发班级活力，有活力班级才会有发展。

1. 物色好人选

新接一个班时，我会根据学生的一些情况，结合平常的仔细观察与家访了解得到的信息，来任命班长、学习委员、体育委员……作为临时班干部进行班级管理。凡是在临时任命期间不负责的不胜任的一律调整，直至调整到基本满意为止。

2. 定期召开班干部会议

每个月召开一次班干部会议，在班干部会议中我都给学生灌输这样的思想："班干部是为班级服务的，你们的一言一行，一举一动，都是为了让我们这个班成为最优秀的班级。"

3. 犯错误时不当众批评，找个别谈话

当他们有贪玩、疏忽失职的时候或者产生不良行为时，尽量不在公开场合进行严厉批评与指责，可对这些有不良行为的班干部进行个别谈话，或在班干部会议上指出其错误，分析原因，再让他们作出自我检查，自我批评。

结果证明，我班的学生干部都很负责，有一定的影响力和号召力，起到了很好的模范带头作用，班风、班纪都可圈可点。

（二）在集体活动中增强班级凝聚力

著名的教育家苏霍姆林斯基说过，"集体是教育的工具"。班集体是学生成长的重要场所，一个班集体的品质直接决定了学生的个体发展。要建设一个优秀的班集体，关键取决于班级的凝聚力是否强大。

1. 广泛地开展集体活动。班级活动的类型多种多样，然而，加强班级凝聚力的最好的方式莫过于集体活动，每周开展有针对性的班队课，在活动中激发学生班级荣誉感，凝聚班级的向心力。活动中，在一些学习落后或是调皮的孩子身上，我发现了他们平时未曾闪现出的优点。

2. 争取让活动中的每个成员都"活"起来，让人人都有任务，人人都有角色。挖掘他们的潜能，提高他们的自信心，在活动中让他们体会到集体的归属感，并感受到自己在班级中有不可缺少的重要位置。

（三）构建家校共同体

构建家校共同体，成了我带班的第一要务。学生要实现有收获的成长，家长要为学生的成长提供物质基础和教育辅助，教师的责任在于如何用科学的方法引导学生向健康、美好的一面发展。

1. 我认为，家校之间之所以会产生各种矛盾，主要是因为沟通不畅。所以，我尝试着让大家更多地了解、理解彼此，建立家庭与学校、家长与教师之间的共同体。

2. 我会动员家长以志愿者的身份参与班级集体活动，一是为了给家长和孩子提供交流合作的机会，二是为了让家长深入了解孩子在校的实际表现。只要是班级活动，无论大小都会有家长参与，甚至有些活动是由家长与学生直接合作完成的。

3. 我也会邀请家长不定期进课堂作讲座。这一活动，主要是为了让家长了解教学，也可以让孩子了解父母，让家校之间达成教育共识。

4. 除此之外，我们还在班级组建了 7 人家委会。班级大小事务都先通过家委会商讨，如果可行再发送到家长群。有时，家长的一些情况和想法也会通过家委会反馈给我。

这样，教育就不会孤立，也不再孤独。

（四）接纳学生的缺点

"心里要想着学生，还要想着学生家长。"这是我在带班第二个五年摸索出来的经验。当学生和家长的情况发生了很大变化，此时如果班主任的对策没有改变，就会产生更多矛盾。

班上有个特别调皮的孩子，每天犯不同的错误，所以他的大名屡屡出现在"黑名单"上。我是一个眼里不揉沙子的人，于是先晓之以理，动之以情。后来发现说服教育并不管用，只要有学生告他状，我就狠狠地批评他一顿，或者按班规惩罚他。但现实是，这样做的结果适得其反。

我开始尝试与家长沟通，但效果并不好。虽然我已经很注意自己的态度和语言，但久而久之，家长心里还是有些不高兴。

她说她管不了他的孩子，她也没办法，通过沟通让我意识到，只有转变方法，才能改变现状。改变孩子，就是与家长最好的论辩，更不能把这难题一股脑儿推给家长。

此后的工作中，我有时倾听他的心声，哪怕是强词夺理的借口。当我试着更多地听他倾诉的时候，他开始慢慢发生变化，他开始学着融入班级。后来，他的成绩提高了一些，习惯改变了不少。他妈妈再也没有质疑和不满了，说得最多的是"谢谢"这两个字和"孩子交给你我放心"这样的话。

这件事对我的影响非常大。以前，我对"爱"这个字的理解，就是尽职尽责教育每一个孩子。通过这件事，我终于领悟到，"爱"要从接纳学生的缺点开始，要从理解家长开始。我们在度人的同时，也在度己，这就是班主任的工作。

用心根植　润物无声

近几年，我连续担任六年级的班主任。针对六年级学段孩子的特点，该怎样尽快在这短短一年的时间里，与孩子们融合，让他们认同；又怎样带领班级走向进步，是我在不断思考与探索的课题，摸爬滚打中我总结出如下几点。

第一，开学第一周内，把班级座次表背熟

现在的孩子都很聪明，面对新老师，他们都有自己的小心思，会知道偷偷地试探，如果初次交锋，他们觉得你很好对付，就蹬鼻子上脸。如果伸出的触角被弹了回去，甚至还弯折了，他们就会多一份敬畏与收敛。在我看来，背座次表很有好处：孩子们原本以为新老师还不认识他，却没想到已经能精准点名了。上课时，如果有人违反纪律，我可以马上点出对应的学生姓名；如果我想了解任何一个学生的学习情况，我看着他本人，就能说出他的姓名。这样他就会不由自主地约束自己了。

所以，每每接手新班，第二天编排座位，然后写下座次表，一份贴在讲台上，另外备一份随身带着，有空就拿出来熟悉，晚上临睡前，再在脑海中过一遍，把学生姓名与座位号一一对应，争取 3 天时间就把座次表背下来。

其实，背座次表，仅仅只是把座位与孩子名强记，还不能把姓名与孩子的模样对应。为了不让孩子们识破，所以，课下时间，我对他们一律是笑脸相迎，只要有学生叫我，或是我走到了哪个学生身边，我就来几句鼓励的话，即使心里分不清谁是谁。然后，在相处中，完全认准学生，大概需要3周。

第二，了解学生，提前做好各类学生的预案，工作中做到有的放矢

提前摸清班级学生的情况，尤其是班中个别特殊的学生，一定要做好预案。本期我接手的151班，在接手前，我提前与配班老师袁老师了解，知道班里有个男孩个性偏激、心眼也不大，上课时常呈睡觉模式，好几科成绩不及格。对这个孩子，我第一天就上心了，看他上课时间趴着，就主动走向他，先伸手摸一摸他的额头，再问"你哪儿不舒服，要不要在老师这儿倒点热水喝？"他摇头，我又说"哦，没有不舒服呀，那就坐好啊。"他就真的马上坐好了。然后，每当上课，我就特意多站在他身边讲课，时不时让他回答个问题，还时不时表扬下他。到第三个星期，这个孩子就大变样了。

除了特殊学生外，我还将学生分四类：调皮不羁的作为第一类，成绩跟不上的为第二类，家庭缺爱的列第三类，剩下的为第四类。

对于第一类学生，时刻把他们放在心上，课上与课下都看似不经意，实则时时捕捉在眼底，不听课、有扰乱，马上制止；认真了、参与了，马上来个摸头或是会心地笑。本期我新接手151班，8月29日上午，正搞教室卫生时，出现了一个个子不高戴着太阳帽进教室的男生，在上课时，他嘴巴不停，帽子不脱，我朝他直奔过去，想伸手把他的帽子取下来，哪知他竟然伸出他的双手，就来握我的手。当时，我也是心念一动，任他握住了我的手，还笑着说了句："你很不错呀，是个聪明的崽。"真的就在这一瞬间，我看到了他脸上的惊喜。后来，这孩子把这件事写入作文中，把自己真实的内心情感都写了下来，我批改后，大加赞赏，并在班级作为优秀习作朗读分享。时至今日，虽说这孩子还会偶有状况，需时常提醒，但总体上，不令人头痛了。

而对第二类学生，就是在作业与课堂上下功夫，时不时把最基础的问题抛给他们来答，及时表扬，提升信心。

第三类学生，多利用下课时间，自己主动走到他们身边去问一问、聊一聊、笑一笑。

而对班上大多数的第四类学生，更不能忽视。我最常用的方法就是利用我的语文课、我的语文作业或者作文，找机会与他们有效对话，并在作业与作文中相机写下一些鼓励的话，让他们体会老师对他们的欣赏与爱。

总之，润物细无声，在平凡中用心，这个过程，就是班主任与班级共成长的过程。

"慧" 当班主任

为了当好班主任，让班级成为一个温馨的家园，让班里的每个孩子都能在爱的怀抱里快乐学习、健康成长，我是这样做的：

一、树立好班主任的威信

班主任的威信就是成功进行教育活动的一个重要条件。作为一名班主任，必须有威信，无威不足以服人，无信不足以立人，只有在学生中享有威信，才能够得到学生的尊重、依赖和拥护，才能顺利地开展工作。威信是班主任最可贵的东西，对于管理好班级、促进师生的共同发展有着重要的意义。我主要从以下两个方面着手树立我的威信：

1. 以静制动，征服班里最活跃的学生，以示"敲山震虎"之效。

开学时，我通常会留心全班孩子，首先找准课堂表现最活跃、跳得最高的那一个，有心找他碴，不过小半天，就可以将其揪出来，拉到讲台上。最开始，这孩子很无所谓，在讲台上仍是挤眉弄眼，逗引得下面的孩子大笑不已。我在一旁，也看着他的这些表演，但不笑，更不出声。不一会，有些学生感到气氛不对，率先止了笑，渐渐全班就静了下来。此时，我仍不出声，全班学生就都安静地盯着讲台上的那个孩子，马上，这个孩子就局促不安了，不由自主地站直了身体，手也老老实实地放着，表情严肃，头也慢慢低了下来。我仍不发话，此时教室里已经相当安静了，等三五分钟后，就让对方下去。他在走下讲台时，我跟全班同学都看到他如释重负的表情。第二天，我又逮住他，如法炮制。接下来几天，我就几乎专盯着这个孩子，但仍是少出声，也不去跟他主动交流。到了周五，我再单独跟他交流，先问他的感受，再问他老师为什么会天天盯着自己，最后把我希望他约束好自己的想法说出来。果然，敲山震虎这招有用，班上大吵的现象没有了。

2. 充分发挥手机功能，让手机"说话"。

万能的手机真是个好家伙！为了更多地了解孩子们其他学科的课堂情况，我常常在教室外观察孩子们的课堂动态，发现那些开小差比较突出的，就用手机拍下来，等下课了，就把被拍到的孩子找到身边，先给他欣赏自己的课堂表现，孩子一看就不好意思地低下了头，再笑着对他叮嘱几句，孩子很快就明白了我的意思。

而像下操、放学路队的列队情况，即使我与数学老师都跟班，也会有盯着了这块而忽略了那块的"按下葫芦浮起瓢"的状况，我就用手机拍成视频，然后及时利用课前几分钟的时间，播放给全班孩子看，动态画面中，清晰地呈现着边排队边说笑的孩子，插手拖拖拉拉与大部队隔几米甚至十几米的孩子……我问他们："看到这样的队伍，你有什么感想？"孩子们都很聪明，都知道我那没说出来的潜台词。果然，第二天的集会队伍就好多了，我仍然跟拍，仍然播放出来一起欣赏。这样的一对比，效果就出来了。

二、让学生们接近我、亲近我

1. 从问题入手，在解决问题上拉近距离，让他们喜欢我。

因为学生活泼好动，难免发生冲突，甚至是打架。才开学不到一个月，刚整顿了课堂纪律，下操纪律，他们就看不得我清闲，给我找事做了。那天，我一走进教室，孩子们就告诉我打架了，还是一个男生和一个女生，怎么办？按照常理是找到这两个打架的孩子了解情况，处理问题。但是我想到这样只能解决这一个问题，我要做到的是用这一个问题防止以后再发生类似问题。便采用之前用过的"把问题抛给学生"的办法，让学生来评判此次事件。于是我立马在班级里开展"我是小法官"活动，要求其他所有同学都做法官，认真分析此次打架事件，并作出评判。孩子们一听，非常感兴趣。首先，我把"对事不对人"这个规定作特别强调。让当事人依次说出事情的始末，如果对方有不认可的，可过后提出，在这个过程中，所有人都要认真倾听。等事情弄清楚后，再由这些小法官们提出自己的看法。出乎意料，孩子们的眼睛是雪亮的，大家很快就找准了问题的所在，并指出哪里不对，应该怎么办。在这个过程当中，打架的当事人没有任何不高兴，也参与讨论，并清楚认识到自己的不足，主动向对方道歉。事情圆满解决，不需要我多说一句话，而且这一招效果不错，班上至今再没发生打架事件，孩子们还总是追着我问，什么时候让我们再当"小法官"。

2. 课间休息主动与孩子们融入在一起。课间休息时，我会主动去走近学生，先主动去走进班上有些影响力的，因为这些孩子有一定的号召力。跟他们说说话，或问一问他们看什么电视，一起讨论电视作品中的主人公，在讨论时，我时而跟他们意见一致，相互跟他们说着主人公的好话；时而又自己一个人一派，与他们好生地"斗一番嘴"。

3. 教室里配有"班班通"，学校也要求我们要更多更好地利用这些现代教学设备。于是，我也在这方面动脑。虽然我是个五音不全的人，但是我有个喜欢音乐的好搭档。她会时不时地教孩子们唱歌，我就顺势也用起来，课前唱唱歌，课间做做手势操；他们做我录视频，配合得还很不错，还总要求我发抖音。这样，课前准备的习惯就养成了，孩子们只要一听到歌声，就知道要进教室做上课准备了。现在天气冷，课前活动一下，身上也暖和了，与孩子们的距离也更近了。孩子们也用他们的行动表达了对我的喜欢，瞧，我这一讲台的零食就是见证。于是，孩子们又感受了一把——分享喜悦。

当好一个班主任需要努力，用心血，用智慧，我通过借力，巧用智慧得到了孩子们的信任、喜欢、亲近，我的班主任工作就相对轻松了，班级各项指标也在整体上慢慢进步了，所以说"慧"当班主任很重要。

教育质量管理先进团队事迹

我带的六年级 135 班是一个积极向上的班集体，在学校领导的正确领导下，各科任老师齐心协力，形成了一个以"和谐、竞争、拼搏、超越"为主旋律的班集体。本班班风正，学风浓，学生整体素质高，行为习惯好，求知欲强，学习勤奋，时间观念强，课堂状态好，思维活跃，学习成绩好，学生特长发展好，各方面表现得很突出，是一个温暖、和谐的大家庭。回顾我们取得的成绩和荣誉，我们自豪，我们骄傲。现将班级中发生的一些主要事迹汇报如下：

一、让班干部成为"管理能手"

针对本班学生的身心特点，在新课程理念的指导下，从尊重学生、信任学生、自我管理的学生观出发，改变以往的班级管理模式：在班级管理方面强调班主任的民主，突出学生的自主，实施师生全员参与、全方位、全过程的班级管理。班级计划由班委制订，班级工作由班委主持，班级矛盾由班干部自己妥善解决。班主任的角色应更多地成为学生心理发展的朋友，学生活动的参与者和班级成长的引导者，让每一名班级成员都在不断努力充实自己，完善自己。

二、学风先行，重抓质量

重视学业基础，紧抓学风建设。135班的各科任老师与班主任目标统一，达成共识，秉承"可以有人先行，但不可以有人掉队"的理念，让本班学生逐渐形成了以班级集体学习为中心的模式。各科任老师制定有效措施，如"一帮一"帮扶教学的同时，深入教研教改，示范引领，通力合作，经常聚在一起进行教学经验交流，让本班成为每次测试成绩"两率""一平"都达标，且居全年级最高的班级。在本次小六毕业统考中，通过各科任老师的共同努力，语文、数学、英语、科学、道德法制五科成绩的"两率""一平"稳居全年级第一，并遥遥领先，取得了非常优秀的成绩。

三、五彩缤纷，绘课外之趣，结硕果

品质先行，重兴趣，鼓励精神培养。鼓励班级孩子以学习为中心，走全面发展之路。截至目前，本班的所有科任老师指导学生获奖次数达240多次，其中2020年王米可同学制作的微视频作品展播获得中央电教馆一等奖；2021年谷钰唯同学获得国家级硬笔书法大赛一等奖；2021年吴雨林被评为郴州市第一季"新时代好少年"；2022年吴雨林被评为省级三好学生，廖楚伦被评为市级三好学生；在2021学年"少年硅谷——全国青少年人工智能教育成果展示大赛"中，黄赛哥、吴雨婷获得无人机飞控创意挑战赛二等奖、廖楚伦获智慧生活编程科创赛三等奖；2022年黄赛哥同学获国家级机器人智能大赛二等奖，等等。面对这些成绩，我们开拓进取、继往开来，不断攀登新的高峰。在此，我班提出"教育质量管理先进团队"的申请。

主题班会《感谢有你，敬爱的党》

学段：小学五年级。

学校：宜章县第三完全小学。

主题班会题目、背景、目标、准备

班会题目：感谢有你，敬爱的党。

背景分析：

本班学生共有 55 人，其中男生 40 人，女生 15 人。学生思维活跃，乐观上进，但是做事缺乏恒心、毅力，而且大部分学生党史知识薄弱，对于自己，对于家庭，对于国家没形成责任意识，对于老一代的党员的无私奉献，他们的意识较模糊，更是缺少对未来的思考和设想。

2021 年是中国共产党成立 100 周年，为做好庆祝建党 100 周年，以纪念建党 100 周年为重要契机，引导学生全面回顾党的光辉历程，描绘 100 年的辉煌成果，了解中国共产党成立至今的历史与重大事件，让学生进一步了解中国共产党的发展历史，学生在真实的教育情境中了解党史，体验、感悟社会主义伟大建设成就，激发学生爱党爱国的情感，培养爱国主义思想以及增强学生的幸福感、责任感和荣誉感。

班会目标：

认知目标：了解党的诞生日、背景、党的丰功伟绩。

行为目标：引导学生今昔对比，感悟幸福生活的来之不易，珍惜今日的胜利成果，学习英烈、建国伟人们奉献精神，奋斗情怀，努力学习，掌握知识，树立理想，为振兴祖国做贡献。

情感目标：今昔对比，感悟幸福生活的来之不易，畅想未来。

班会准备：

1. 挑选节目主持人，选定节目，选定节目表演者，写好主持人串词，排定节目顺序、排练节目。

2. 制作PPT，撰写主题班会教案。

3. 录制、剪辑视频。

4. 队旗、快板、多媒体课件、音乐。

5. 收集伟人、先烈们的资料。

6. 场地布置：学生坐成方形，进行相关场景布置。

班会过程

环节一：欣赏祖国建党以来腾飞的视频。

中队活动开始。

主持人（女）：尊敬的老师，

主持人（男）：亲爱的少先队员们。

合：大家上午好！

主持人（男）：火红的队旗飘起来，

主持人（女）：欢乐的歌儿唱起来。

主持人（男）：我们在队旗下成长进步，

主持人（女）：感受着老师无比的关怀。

主持人（男）：新一代的少先队员，

主持人（女）：沐浴着党的阳光雨露，

主持人（男）：传承着先辈的高尚品德。

主持人（女）：今年是中国共产党诞生 100 周年的日子。

主持人（男）：盛典庆华诞，歌舞庆升平。

主持人（女）：在这辉煌的日子里，让我们先来欣赏祖国建党以来腾飞的视频！

主持人（男）：看完视频之后，我想问一下大家的感受（男主持采访 1 个，女主持采访 1 个，同学答：自豪、激动等）。

主持人（女）：是啊，看到这些画面，作为中国人的我们怎能不高兴、激动。我们为我们祖国的繁荣富强而高兴！

设计意图：引导学生全面回顾党的光辉历程，描绘 100 年的辉煌成果，了解中国共产党成立至今的历史与重大事件，激发学生热爱祖国、热爱中国共产党的高尚情操，使学生树立民族自豪感和历史责任感。

环节二：讲述事迹，再现党的形象。

学生通过以小组为单位上台讲解自己搜集到的青年党员事迹，感受青年先烈、伟人无私奉献的报国情怀与建设新中国的伟大决心。激发学生学习先烈，树立民族自豪感和历史责任感。

分享交流：在不同时期，有不同优秀的英烈党员、伟人事迹。

主持人（男）：可是过去的中国并不是像今天这么富强。很多人上无片瓦遮头、下无立足之地，常年吃糠吃野菜，饥寒交迫，在死亡线上挣扎。农民不仅要承受剥削压迫，还要受帝国主义的强取豪夺。

主持人（女）：是呀，旧中国是如此的贫穷落后，那么，为什么我们的祖国会发生这么大的变化呢？

主持人（男）：我们祖国今天的繁荣昌盛，离不开中国共产党的领导，是共产党将一个贫穷落后的旧中国带上了富裕的道路，成为欣欣向荣的新中国。

搜集资料展示：

主持人（女）：各小队队员们在活动前收集了许多有关伟大领袖的资料，哪个小队先来说说？

设计意图：学生通过以小组为单位上台讲解自己搜集到的青年党员、伟人的事迹，感受他们无私奉献的报国情怀与建设新中国的伟大决心，激发学生学习先烈，树立民族自豪感和历史责任感。

环节三：诗朗诵《七月的天空》。

主持人（女）：非常好！相信大家通过这次活动，对我们亲爱的党，一定有了更进一步的认识，也一定会更加热爱我们伟大的祖国。

主持人（男）：翻看着一张张红色照片，我们无比激动。

主持人（女）：翻看着一张张红色照片，我们无比自豪。

主持人（男）：从 1921 年中国共产党诞生以来，我们党走过了一条曲折而辉煌的道路。

合：请听诗朗诵《七月的天空》。

设计意图：进一步让学生了解了从中国共产党诞生以来，我们党走过了一条曲折而辉煌的道路。

环节四：知识竞答，知党史。

主持人（男）：成长在党的摇篮里，我们是最幸福的孩子。

主持人（女）：在这个庄严的时刻，胸前的红领巾就像一簇簇跳动的火苗，燃烧着我们激动的心。

主持人（男）：那么，大家对党的知识了解多少呢？下面我们开展一个知识问答的活动。

老师出示课件（每个主持人读一道题，并及时点评）。

设计意图：教师设计中国共产党的历史知识竞赛，鼓励同学们积极发言，了解党史基础知识，激发爱国爱党之情。

环节五：今昔对比，感受党给我们带来的幸福生活。

活动一：学生奶奶的视频采访，采访奶奶的童年。

活动二：现场采访资深教师，对比学校建校以来翻天覆地的变化。

主持人（女）：亲爱的党，正是因为有了您，才使我们满怀憧憬，一路笑语欢声。

主持人（男）：正因为有了您，才让千千万万的小伙伴，在美好的生活中，认知明天的七色彩虹。

主持人（女）：接下来请看党给我们带来哪些幸福生活？

主持人（男）：今天的队会，我们还邀请了1位大朋友。

主持人（女）：她就是黄赛哥的奶奶，请看她的视频采访！讲述她小时候的故事！

出示课件：奶奶的视频采访。

主持人（男）：感谢黄赛哥的奶奶，她声情并茂地讲述了自己小时候的经历和感受！

主持人（女）：接下来，我们还想现场采访1位朋友，进一步了解党为人民谋幸福的作为。

主持人（男）：尊敬的范书记，您好！借此机会，请让我采访一下您，可以吗？

主持人（男）：范书记，请给我们说说您的教育工作经历，以及我们三完小建校以来的情况。

设计意图：通过了解更多关于中国共产党的历史与如今幸福生活的成就，引导学生感谢党为我们带来的和平年代与舒适生活，树立为祖国建设奉献自己的舍己精神，明确未来的奋斗目标。

环节五：快板表演：《童心永向党》。

快板表演。

主持人（女）：是呀，党给我们带来了太多的幸福，千言万语都难以表达我们对党的向往，值此建党100周年来临之际，我们几个小队队员准备快板表演：《童心永向党》。

主持人（男）：有请！

主持人（男）：同学们，我们只要怀着美好的理想，并且为实现理想而不断努力。

主持人（女）：那么我们的生活就会更美好，我们的童心将永远亮丽芬芳。

主持人（男）：敬爱的党，请接受我们少先队员的深深祝福，花儿朵朵向太阳！

合：健康成长全靠党！

主持人（女）：我们是党的好儿女，我们是共产主义接班人！

主持人（女）：我们是踌躇满志的中国少年，我们是意气风发的新生一代！

合：党啊，请放心祖国的未来，我们一定要更加描绘她的绚丽多彩！

设计意图：让学生明白党给他们带来了太多的幸福，要他们怀着美好的理想，并且为实现理想而不断努力。

环节六：班会总结。

活动1：学生庄严宣誓。

活动2：齐唱：《我们是共产主义接班人》。

活动3：班主任讲话。

主持人（男）：今天，我们以红领巾的名义庄严宣誓。

出示课件（宣誓）：

主持人（男）：没有无数先辈的流血牺牲，就没有今天的幸

福生活，

主持人（女）：没有改革开放好政策，就没有现代化的丰硕成果。

主持人（男）：没有伟大的中国共产党，就没有繁荣富强的祖国。

主持人（女）：齐唱《没有共产党就没有新中国》。

《感谢有你，敬爱的党》主题队活动即将结束，请辅导员讲话。

班会后延伸教育活动

为庆祝建党 100 周年，回顾党的奋斗历史，讴歌党的光辉业绩，继承和发扬党的光荣传统和优良作风，重视本次班会课的作用，进一步激发学生的爱国热情，以实际行动坚定报国之志，我在班上接着开展了一系列实践活动。

1. 迎合学校大队部的工作思路，在班上开展了"听党话，颂党情"的手抄报展示实践活动，其中我班学生：谭婧、邓楷瑞、周瑞雪、黄芷妍、黄赛哥获得一等奖。

2. "看红色电影，忆峥嵘岁月"——在本班的一体机上观看革命历史题材和改革开放题材的影视作品，写观看心得体会，在回顾党的光辉历程的同时，接受革命传统教育，激发爱国热情。

3. 利用周末时间由家委会配合，发动家长带上孩子，举行了以"学党史，感党恩，跟党走"为主题的红色研学旅行。第一站参观了邓中夏故居；第二站去了汝城沙洲，了解了半床被子温暖整个中国的红色故事，并要求孩子们写下了自己的体验和感受。

4. 迎合学校工作方案组织全班学生参加了"红心向党"庆六·一儿童节合唱比赛，我班孩子在这次比赛中获得了一等奖。

5. 积极响应团县委举办的"讲好红色故事"的演讲比赛活

动，我班吴雨林以全县第一名的好成绩，参加了市赛，并取得了好成绩。

班会反思

通过本次主题班会，我觉得达到了预设的目标。在准备期间，学生都很认真地从各方面了解了建党 100 周年的历史和为新中国成立英烈们和伟人们的奉献事迹。在主题班会期间，学生认真地观看了视频，从知识竞赛这个活动中，发现学生还是比较了解党史，都热烈地参与其中，纷纷积极举手发言。学生所谈的感想真实，宣誓时严肃认真，为日后的生活和学习做了铺垫。尤其值得一提的是，树立了远大目标和信念——有了信心，学生一定会取得更大的进步。在本次主题班会中，还存在不足之处，例如第一个环节，所观看的短片比较长，可以再缩减一些。

以前总觉得学生对党史不了解，可能也没有兴趣去了解。通过本次班会，发现其实学生还是很有兴趣的，只是我们没有要求他们去了解，没有给学生搭建一个可以学习的平台。我想今后要积极发掘优势，力争把主题班会这一活动作为提升学生道德素养和思想素养的有效载体，并以此促进师生的共同成长。

第三章

教育随笔

— 教坛追梦 —

心花朵朵向阳开

——艺术应对事件，与家长有效沟通

一、将心比心，等同父母心

做一个成功的班主任，除了处理好与学生、科任老师之间的关系外，还要注意搞好与家长的关系。在与家长沟通的过程中，我最注重的就是换位思考，将心比心，站在家长的角度去想问题，让家长切实感受到我们是把学生当作自己的孩子一样去关爱的。

我们班有个女生的家长一直不太支持工作，平时很少跟老师交流，一打电话就是要请假，说话的语气也不太友善。一次，这个女生在学校不小心撞到门，磕破了头顶，流了好多血。我一发现这个情况，立马带着孩子去医院，并打电话通知她的家长。家长到来之前，我先垫付了医药费，陪着孩子去缝针，鼓励孩子要勇敢、坚强，还询问了医生一些注意事项。当家长赶来时，孩子已经缝好了针，也止住了眼泪……我向家长说明了情况，也流露出我对孩子的担心，家长很感谢我做的一切，连连道谢。我告诉家长，我也是父母，明白父母的心，我会把孩子当作自己的孩子一样去关爱。

回到学校，我还主动进行联系，询问保险理赔手续，将步骤告诉孩子的家长，家长十分感激，从那以后，格外支持我的工作。

不管家长是哪种类型，是什么文化程度，是什么素质，是什么性格，我们都要将心比心，站在对方的角度想问题。无论是哪个家长，爱孩子的心是相同的，同是父母心，只要将心比心，定能换来真心！

二、摆正位置，做实工作

2021 年下期期末考试那天，在两堂考试中间休息时，一件意外的事降临了——我们班的两个男孩在追打过程中把第三个男孩撞倒在地，并压在对方身上，导致受害人门牙磕断了三分之一。事情发生后，我第一时间把事情告诉了三方的家长。哪知受害方以孩子已换牙，残缺的门牙会造成孩子一生的缺陷为由，向对方索要一、两万的赔偿，而对方的家长执意不肯出这么高额的赔偿。我曾单独约见家长，也曾找政教处主任出面调解，但均未有结果。后来我的搭班前任班主任文老师告诉我，要我抓住三个孩子的家庭特点及心理特点来做工作。于是在接下来的几天中，我和文老师天天冒着风雪去家访做工作，让三个家长各让一步，正是文老师的这一良策，圆满地让这件原本闹得不可开交的事画上了一个句号，最终肇事的那两个孩子家长每人赔偿了两千给受害方。面对一些表面强势的家长，老师一定要摆正自己的位置，不卑不亢，并学会揣摩家长的心理，这样也能化繁为简。

三、针对问题，弄清原因

在带 135 班时有个叫曹某的孩子，有一天，孩子的父母在群里上传孩子右眼青肿的照片，质问我是怎么回事，并出言不善，说："老师怎么能不注意孩子课间安全呢？我家孩子在学校受这么重的伤怎么不管呢？"因那段时间准备录像课，很少有时间看微信群，所幸有很多家长回应他们。我家源源说："老师天天都会讲，要注意安全。"后来他们又单独和我聊，要我给他们一个说法，我才知道这件事。我回答他们说：孩子受伤，你们的心情我能理解，也很心疼，这件事情我明天一定会到班上调查，等了解清楚再给你们回复。

第二天早上，我找到孩子们询问前因后果，得知是曹某自己在放学回家的路上，和136班的一个孩子打闹时，被那个孩子绊倒摔伤的。我立马带曹某到136班找到那个孩子，证实事情确实如他所说，并对他们两个进行了教育。然后我立马将事情的始末在班级群里公布，也分别告知曹某和另一位学生的家长，我对此事的处理得到了家长们的赞赏。

通过这件事，我发现有些家长在碰到孩子受伤的事情时，第一时间是责问老师，而不是去了解事情的原因，当然也情有可原。而我习惯遇到事情先问清原因，不轻易许诺，遇到不讲理的家长，更要做到让他无刺可挑，心服口服。

四、取得信任，态度诚恳

有一天，课间休息时，我们班两个孩子在玩耍时，一个孩子将另一个孩子推撞到墙上开裂的瓷砖上，导致被撞的孩子耳廓被割两半，当时就血流如注。我知道情况后，立即打电话通知受伤孩子的家长。为了稳住被撞孩子家长的情绪，我对他说了很多另一方家长的好话，让他知道对方家长一定会妥善处理好这件事情的。接着又打电话通知惹事孩子的家长，并且对撞人一方的家长说，被撞方家长非常通情达理，让他能主动妥善地解决问题。在双方家长都对彼此有好感的情况下，撞人方的家长不但爽快地赔偿了所有的医院费，还拿出100块水果费给对方的家长，而对方家长也非常礼让，怎么也不肯收那100块钱。这件事情就这么圆满解决了。

人们常说：信任是沟通的前提，没有信任，所谓的沟通是无效的。作为老师，要让家长知道你对孩子很重视，要理解家长为什么会有不同的情绪，要善于揣摩家长的心理，摸清家长的底细，因人而异，这样，解决问题的时候就能迎刃而解。

五、讲究策略，淡化矛盾

一天上午，李某的妈妈在我们班级微信群发了一条信息，说王某拿了她家儿子的橡皮擦，不愿意还给他，请老师处理一下。当我看到这条信息的时候，王某妈妈就在微信群说，她回家问了她的儿子，说不是他拿的。下午，我就在班上问了一下这个事情，才了解到的确是王某拿的。我就当着全班的面问了王某，王某也承认说拿了，但是已经还给他了，我在班上也教育了一下。想想孩子犯了一点小错误，改正了就没有再深究。傍晚发家庭作业的时候，我看到王某妈妈又在微信群里面说，他儿子没拿李某的橡皮擦。此时此刻，我立马发出信息说：橡皮擦是王某拿的，老师已经教育了他们。当我发出之后没多久，王某爸爸发了一条信息：我也问了我孩子，孩子说他没有拿李某的橡皮擦！当我看到这一句的时候，我把下午在课堂上当着全班的面调查这件事的情况，晒在了班级微信群里。刚一晒出去，王某爸爸马上发了信息过来：老师，我刚才又问了我儿子，我儿子说他就是没有拿别人的橡皮擦！没拿！读着这样的文字，我糊涂了，有点质疑自己：难道弄错了？为了不错怪孩子，更为了不让家长和老师面对面起冲突，我委婉地写上了一条：要不，我明天再问问孩子们？吴某某爸爸马上发起：老师明天查清楚！打电话告诉我！看着这一连串带有感叹号的句子，我意识到了家长对我的不满，不信任！

第二天，一到教室，我找到了王某，柔声细语地问道：你昨天到底拿了李某的橡皮擦没有？孩子点点头，我就疑问地反问道：昨天爸爸问你的时候，你怎么说没有拿呢？孩子支支吾吾地哭着说：我……我……我怕爸爸打我……听到这里的时候，我跟孩子说起诚实的重要性，鼓励他做一个知错就改的好孩子。我拨通了他爸爸的电话，孩子拿起电话边哭边说："爸爸，昨天我是拿了李某的橡皮擦，我没有说实话，我怕你打我。对不起，请你原谅我……"之后，我接过电话和他爸爸聊起了孩子的问题，以前常常迟到，也爱撒谎，孩子爸爸也赞同老师的讲法，说是、是……然后我又谈起了家长和老师之间应该要相互信任的问题。说了之后，家长有点不好意思了，连说了好几句"对不起"。后来，我还谈到了他的女儿，考了很好的大学。家长又兴奋了，连说了他女儿好多很优秀的地方，我话锋一转：你的女儿培养得很好，希望你在你儿子身上，不要姑息他的过错，及时发现他的问题，把他培养得更好，孩子家长连说好，好。

放学后，我在班级微信群里写了一条温馨提示：当孩子犯了错的时候，请家长轻声细语地和他谈，不要骂他，不要打他，让孩子学会自己认识到自己的错误，并敢于改正自己的错误。否则，高压下的孩子只会撒谎，欺骗家长，导致错误不会改正，还会让家长和老师之间产生误会！从而导致教育工作的失败！当信息一发出，很多家长都在群里点赞，还表态说，今后一定会信任老师。看到这一切的时候，我欣慰地笑了！

当班主任和家长产生矛盾的时候，要沉着冷静，不能动气，要讲究策略，艺术化地化解与家长之间的矛盾，先在一个家长心目中树立威望，然后在全班同学家长中树立威望，这样，今后开展起工作来，家长不会再公开挑衅、质疑老师！家长信服老师，工作开展起来就会更顺利！

六、以严导其行，以爱动其心

说到老师管学生，很多老师都会想到用"晓之以理，动之以情"进行感化学生。在多年的班主任工作经验中，我觉得对学生要求应该严格，并做到切实可行，坚持不渝地贯彻到底，而且要严在理中，严中有爱，爱中有严，即"以严导其行，以爱动其心"，而在管理方法上要灵活，班级中的每一个学生都是独一无二的，所以做到灵活变通，做到因材施教，因人而异，因事而异，这样管出来的学生才会从心底信服老师。

我认为班主任的爱是在学生能接受教育的前提下给予才有效。只要班主任对学生怀有真诚的感情，不管严也好，爱也好，学生才会"亲其师，信其道"，自觉愉快地接受班主任的教诲。

学生还没形成正确的是非观念时，非常需要班主任的正确纠偏和关爱，班主任只有严中有爱，把爱的甘泉洒向他们的心田，才会使学生对教师敬畏、信任，从而激发学生对班主任的情感与对班级的热爱。

班级优化大师，助力家校沟通

"教育的效果取决于学校家庭的一致性，如果没有这种一致性，学校的教学、教育就会像纸做的房子一样倒塌下来。"班级管理和学生行为习惯的评价几乎是所有老师面临的难题。随着信息技术的不断发展，这就要求我们不能再拘泥于传统的评价方式，而是要不断创新教学方式和评价手段，将学生的日常表现牢牢地掌握在手中。"班级优化大师"软件的优点是多元化评价，不仅能够记录学生在研究方面的表现，还能够记录学生在品德、行为等方面的表现。这种评价方式能够更全面地了解学生的综合素质，同时也能够增强学生的信心。传统的评价方式往往只关注学生的成绩，而忽略了其他方面的表现。这种单一的评价方式容易让学生感到沮丧和失落，甚至会影响到他们的自信心。而多元化的评价方式则能够让学生看到自己在不同方面的表现和进步，从而增强他们的自信心和研究动力。班级优化大师软件不仅帮助老师管理班级，也为家校沟通建立了一座坚实的桥梁，让家长全面掌握学生的在校情况。现将我们使用"班级优化大师"的心得梳理、总结如下：

一、让班级优化大师走进课堂管理，让家长知晓孩子的学习情况

由于小学生自制能力差、学习习惯不好，容易在课堂中出现注意力不集中、小动作频繁等现象，优化大师应用到课堂评价中，可以很好地解决这些问题。作为班主任的我，下载班级优化大师后，会接着申请账号，邀请本班科任老师加入，一起管理。

进入班级优化大师点评学生时，我在表扬栏和待改进栏原有基础上，根据班级实际情况贴上新的标签。我新设了有创新能力、上课认真听讲、背诵课文、作业按时完成、举手答问、注意力集中、积极思考、认真读书、优秀作文、听写优秀、课前说话、学习进步等等标签。待改进有疏于思考、大声喧哗、较少合作、上课走神、上课玩东西、听写不合格、作文不合格等等标签。课堂上，老师只要轻松地点击班级优化大师，讲课时，将界面最小化使用即可。这样老师在上课时也能及时调出软件，对学生进行奖惩。课堂气氛瞬间被班级优化大师点亮。班级优化大师打破了原来的课堂奖惩方式，胜过了苦口婆心的说教，胜过了声色俱厉的批评，却能让孩子们自主地引入到学习当中来，真是激发学生学习动力的良药。

在过去的教育中，学生对背诵、阅读始终有抗拒的心理，学生很少把时间花到课外阅读、背诵中。在应用班级优化管理大师后，我充分利用班级优化大师里的随机抽取方式来检查学生背诵课文情况，通过这样的方式，学生不能确定老师抽查谁，每次学生都认为有被抽到的可能，因此对背诵任务很重视，这样，就能提高学生背诵的积极性。班级优化大师能使学生更加重视、更加积极地完成老师布置的任务。通过积分的方式，学生愿意去背诵，去听写，去阅读课外读物，以写促读、以读促写。班级优化大师的应用，让孩子们享受着信息技术下全新的教育，它唤醒了学生的内心动力，迸发出学生发自内心的"我想学""我愿学""我乐学"。

二、班级优化大师走进班务管理，让家长了解孩子的在校表现

使用班级优化大师以来，学生的行为规范、劳动、纪律方面都可以在软件里进行加减分。作为班主任的我，在班级常规设定表扬和待改进的内容。利用班会课的时间和学生一起制定班级奖惩公约，做好每项内容的加减分值，推选出班级小班干部，并做好班级优化大师中品格监督员的职责分工，比如学生参加学校的各项活动获奖进行加分，这样，可以调动学生参加活动的积极性。每天学生劳动值日，老师进行抽查，卫生搞得好的给当天劳动委员和全体值日生加分，同学看到老师表扬了今天的值日生，他也想加分，自然而然，轮到自己值日也会认真做好，所以每天的卫生都搞得干净彻底：黑板擦得干干净净，窗台一尘不染。在使用班级优化大师管理班级的具体实践中，我坚持"表扬为主，惩罚为辅"的原则。从每天卫生到路队秩序，从课堂纪律到课间安全，全部涵盖其中，每周或每月进行评比，同时对每周和每月表现优秀和进步的学生进行表扬给表扬信和奖品奖励。每周评分不清零，到期末统计，用光荣榜上的总分和学习成绩，按一定比例折算，用于期末评三好学生、优秀少先队员。

三、班级优化大师走进家校管理，让家长参与学校的各项管理

从使用班级优化大师开始，我就要求学生家长都要下载软件，进行资源共享。学生在校表现情况，包括奖惩、作业、行为习惯等，都随时同步家长端，家长打开班级优化大师，可以及时发现孩子在校的行为习惯、学习习惯、学习成绩等方面的表现，掌握孩子哪些方面有优势，哪些方面存在不足，更有针对性地对孩子进行教育。家校联合，教育才能达到事半功倍的效果。更重要的是，家长在对班级和学校开展的各项活动全部知晓的情况下，积极参与，还积极监督。去年，我校举行的期中考试，安排了一名家长义工来监考，而家长义工把学生考试认真的样子、老师监考对孩子的态度，直接发到了班级优化大师平台，充分反映出学校抓考风抓考纪的要求，家长们纷纷点赞。有的家长还发出感慨：优化大师给家校教育提供了一个有利平台。

使用班级优化大师，为我们的信息化教学管理提供了一个新的思路和工具。在今后的教学道路上，我将不断地去探索，努力运用好这一软件的各种功能，使之在提高孩子学习兴趣、助力班级管理、家长全面深度参与到孩子成长教育中上发挥更大、更有效的作用。

学习，学习，再学习

鄙人有幸参加了湖南省年度"国培计划——能力提升工程"种子教师学科研修的培训学习，在长沙市雨花区井圭路小学集中培训的这 7 天，聆听了各位专家、教授的精彩讲座。长沙市高新区明德麓谷学校教师、黎薇音乐名师工作室首席名师黎薇为国培班学员带来了一场集知识性、艺术性、可操作性于一身的讲座——《小学教师个人空间的操作与应用方法》。黎老师语言风趣幽默，案例生动鲜活，现身说法，将自己在空间操作与应用的方法及心得毫无保留地传授给在座的每一位培训学员，受训学员在黎老师的悉心指导下，掌握了个人空间操作的基本操作步骤、空间发表视频、制作标题栏、flash 导航及相册制作、制作音乐播放器等技巧，并结合个人的具体实际，将原本枯燥无味的空间装扮得有声有色。

长沙市天心区教育科学研究中心曹绍峰副主任则给培训学员们上了一堂实用性极强的实践操作课——《电子表格在教学中的应用》。在讲座中，曹绍峰副主任理论讲解与实践操作紧密结合，教会了学员应用电子表格处理学生成绩统计遇到问题的方法，学员们表示，学会了电子表格，减少了我们老师大量烦琐的工作，而且没有误差，真是事半功倍！

这次培训，最大的收获是专家和教授们对我思想上的冲击，激起了我心中许多的感想，让我树立了新的、正确的教育观，感悟到信息技术在教学中的重要性，学到了一些制作课件的方法，知道了如何去装扮自己的空间，访问了许多专家的空间，很有启发。

一、明确了今后的工作目标

在今后的教育教学中，我要慢慢摸索经验，使自己能够尽快适应教学的信息化。我要时刻告诫自己，要解放思想，更新观念，确立创新意识，善于动脑，勤于思考，开拓进取，始终站在时代的前头，不断研究新情况，解决新问题，使自己的工作上一个新台阶。我还要结合我校的实际情况，及时地为学校的建设和发展出谋划策，努力学习同行们的学习态度、求知精神、协作能力，加强平时的学习、充电。相信他山之石，可以攻玉，我一定学以致用，将学到的知识运用于教育教学实践中去，让培训的硕果在教学事业的发展中大放光彩。

二、转变教师的角色地位

新课标倡导"以学生为主体，教师为主导"的新理念。面对新课程，教师首先要转变角色，确认自己在新课程教学中的身份和地位，在新课程中教师是课堂教学中学生学习活动的组织者、指导者、参与者。新课标在注重基础知识与基本技能的基础上，更强调学生的学习过程与方法，并增强了对学生情感、态度与价值观的培养。这就要求教师不能再只重视知识的传授，更要肩负起培养人的重任。教师不再是学生的主宰，教师和学生是两个平等的团体，在学生获得知识的过程中，教师只是激励人、引导者，为学生的学习提供支持、帮助、辅导，帮助学生了解自己的特长、潜能，为学生的发展提供指导。

三、更新知识，提高业务水平

新课程给了我们教改机遇，同时对我们提出了挑战。要求我们必须更新知识结构。新课程内容的出现迫使我们更新自己原有的知识结构，一方面准确把握各个学科中学生终身发展所必需的基础知识和基本技能；另一方面我们要通过各种渠道不断学习，扩展自己的知识储存。新课程还要求我们必须有开发课程的能力，把原来的"教教材"变为"用教材教"。教学内容从过去的以教材为中心的单一书本知识转变为以教材为轴线，以活动为纽带，与现实生活紧密联系，充分挖掘本土资源和校本资源，充实教材内容。

四、终身学习，不断充电

大家都知道，要想给学生一碗水，你必须有一桶水，而且现在的一桶水已经不能满足需求，我们想要给孩子们注入源头活水，这就需要我们不断地学习，不断地总结，不断地反思，及时将自己的经验记录下来。在整理中思考，在行动中研究，这将是我今后所追求的目标。同时，教师想成为研究者，就要不断地学习，不断地总结，不断地反思，及时将自己的经验写成论文。既不能脱离教学实际，又要为解决教学中的问题而进行的研究，即不是在课本上进行的研究，而是在教学活动中的探究。

培训只是一个手段，一个开端。对于培训给我的清泉，我要让它细水长流。"国培"给我补了元气、添了灵气，焕发出无限生机。思考背后，我感到更多的是责任，是压力，真正感到教育是充满智慧的事业，深刻意识到自己所肩负的责任。今后，我会学以致用，结合我校的实际情况，让培训的硕果在教育事业发展中大放光彩！

老师来敲门，教育进家庭

——《万名教师访万家》家访心得体会

按照县教育局"万名教师访万家"的活动和统一部署，我们宜章三完小在寒假伊始正式启动了家访活动。学校要求五类人员必走，可我想更深入地了解学生，以助今后的教学，因而决定将全部的学生家庭都走一遍。

连着走访了四天，都是寒风凛冽，天还下着中雨，刺骨的寒风吹在脸上，也没有阻止我家访的脚步。全班 56 个学生，家访率达到百分之百，我上门走访了 49 户学生家庭，还有七个学生因回乡下，就采用了电话的形式进行家访。

在家访的过程中，我深切地感受到了家长对子女的殷切希望，也感受到他们对老师的尊重与信赖。每到一个学生家里，我都会把学生在校表现情况、疫情防控和传染病的宣传，假期的安全注意事项等一一对家长说清楚。

班级里的孩子是各不相同的，总存在一些"弱势群体"，我们要更多地关心这些特殊的孩子。对他们，我们要及时、深入地从家长那儿获取信息，给予学生更多的温暖和帮助。当我接这个班之后，发现吴某某同学的学习基础很差，反应很慢。这次家访，我第一个就想到他家。吴某某家住黄溪湾村，我与他的家长取得联系，听说老师要来家访，吴某某的奶奶满村子找他，父母则在家等候老师来访，而当我走进吴某某家时，吴某某还没回家。奶奶找回他来了，他还不愿进家门，是我叫吴某某，他才怯生生走到老师身边。我告诉他的父母，在学校，我也教吴某某识字写字，虽然他脑子反应迟钝，但会听老师的话，努力去做。他虽然言语不多，但能积极参加学校的活动，上个学期曾代表三完小参加县艺术节非洲鼓比赛，获得优秀演员奖。本学期的体育节，他踊跃参加班级篮球运球比赛，运球又快又稳，让本班荣获第二名。老师表扬吴某某集体荣誉感强，要全班同学向他学习，他更加自信了。看到教室里的垃圾没有倒，他主动把垃圾倒掉，从教学楼四楼到一楼，一看到垃圾就及时捡起，默默地为班级奉献自己的一份力量。特别是本期快放假时，流感传染病盛行，学校要求每个班每个教室每天进行消毒。他认真听取学校安稳办张主任的消毒程序，回到教室，放学后消毒两次，给同学提供一个安全无病毒的学习环境。他的父母也告诉我，他们曾带吴某某去多家医院检查，医生都说没有特效药，智商是天生的，因此父母只要孩子健康快乐成长，学会做一些事，不要给社会添负担就行了。特别感谢班主任老师没有歧视他，让他找到自信，在同学眼里他也有优秀的一面。正如谚语所说的：上天为你关闭了一扇门，就一定会为你打开一扇窗。

张某某原来住南关街，现在就住在安康小区。为了去他家，我提前打电话告知家长，家长早早就在安康小区门口迎接。我们边走边聊，在寒风中走了许久才到他家。我想：这个孩子每天都要步行四十多分钟才能到学校，真是辛苦呀！又想起我不知道情况时，因为他的迟到，还狠狠地批评了他时，他却总是低着头，一声不吭，从来没有辩白过，真是惭愧！当坐在他家，了解到他家兄弟姐妹多，父母因为家庭负担重而常年在外打工，几乎没有办法监管孩子的学习，我找到了他的家庭作业不能按时完成的原因。这次家访，让我知道以后要多关注这些父母在外打工的学生，布置的作业可以在学校多辅导，解决他们家中无家长辅导的困难。

老师上门家访，会让学生感受到老师的关注和重视，这对学生是一种激励，对家长也是一个触动。教师、家长、学生三者共处，促膝谈心，拉近了彼此的距离。有一次，我们班文某某同学悄悄地凑近我耳边说："谷老师，我父母离婚了，我现在住很远的奶奶家，以后上学我就会迟一些……"看着她一脸的忧郁，作为班主任的我顿生怜爱之心，当即在心里决定：我今后要多关心她，给予她更多的温暖！这次家访，她也是我必去的一个对象。走进家，她奶奶接待了我，文某某看到老师到来好兴奋，赶快去冲了一杯蜂蜜水送到老师面前说："谷老师，天那么寒冷，你喝下暖暖身体！"多懂事的孩子呀！我接过蜂蜜水，心瞬间被暖化。我从奶奶的谈话中了解到，文某某的爸爸在工地上做事，很少回家。奶奶没读过书，文某某的学习辅导不了，只能每天问一声作业写完没有，只能照顾她的生活。我告诉文某某的奶奶，孩子在校的表现很好，期末考试，语文还考了91分，很有上进心，就是胆子小，上课不爱举手回答问题。通过交流，文某某告诉老师下个学期一定会积极举手回答问题，看着她诚恳的小脸，我会心地笑了。我去黄某某家访后，黄某某高兴地对妈妈说："妈妈，告诉你一个秘密，我从没看到谷老师这么温柔！"我才醒悟，平时在学校我是多么严肃，孩子们对我敬而远之。以后，我也要改改老师高高在上的相处方式了。

在这次家访过程中，我深刻体会到了电话无法达到的效果，面对面促膝交谈与电话里、微信里的听声见字不见面，那感觉和效果就不一样，所以这次"万名教师访万家"上门家访是非常有效的。上门家访能让我和学生、家长打成一片，感情亲切融洽，以后的工作就能得心应手。我深深体会到，作为教师的我们，要积极地指导家长，同时多进行交流，家长和教师相互学习，相互信任，相互合作，结成一个家庭学校的教育同盟，那么，我们的教育就会获得更大的成功。总之，家访让我受益匪浅，既让家长了解学生在校各方面的表现、了解学校对学生的要求，又使我了解到学生家长中各方面的情况，及学生在家庭中的表现。这样的家校教育，真正达到了"教育一个孩子，带动一个家庭，影响整个社会"的教育效果。

狮子口大山的新故事

——宜章县文联二十大征文获奖作品

一

近年来，宜章人们春秋赏景，青山采风，往往都选择两个去处：一是前往湘粤边境的莽山，寻奇松怪石，观云海日出，二是去郴宜交界的长策狮子口大山，造访一位名叫刘真茂的退伍老兵。天朗气清，惠风和畅的日子，游客若是登上那海拔 1900 余米的狮子口大山，遥遥望去，隐约可见百公里开外的莽山群峰之一的天台山。两座挺拔巍峨的高山，与玉溪河的源头骑田岭，瑶岗仙的天鹅峰，共同筑成宜章的地理脊梁，成为宜章人民取之不尽的绿色宝藏。

山，于我而言，也有非凡的意义。我的老家，在宜章县杨梅山镇鸡公坦村，打开窗叶，对面就是浮出云天的五盖山。霜、雪、云、雾、露盖山头，五盖山因此而得名。五盖山的苍峦叠翠，又孕育出道道小溪。清流激湍，送来叮咚曲目。记得童年，我们时常在五盖山下两江口瀑布游玩。水流沉碧，清澈见底，波光映着日色，鱼群笑话虾蟹，还有秀林绿草，共描春风胜景。山，不止透迤于语文课本上。于是当侄子问我，要不要去狮子口大山采风，拜访刘真茂老人时，我痛快地答应了。

狮子口大山坐落于宜章县瑶岗仙镇坪乡村，如今已是省级自然保护区。据说，这里几十年如一日，高山深谷，云烟冉冉，风景秀丽，从未发生山火燎原事件，且得到很大开发和保护。除党和政府英明领导与开发外，更与一位退伍老兵日复一日、年复一年地坚守不可分割。这位老兵就是湖南省优秀共产党员，被《光明日报》重点报道的退伍老兵，长策乡原武装部长——刘真茂。这位老兵坚守大山，防火禁猎，三十余年，把心扎进了大山，把爱献给了大山，30年来巡山总里程相当于绕地球10圈。于是，大家亲切称他为"大山卫士"。

平心而论，他的确是我们宜章人的骄傲，我也好奇，在新的几年，他又过着怎样的日子呢？我想去亲眼看看。

二

三月的一天，莺飞草长，春暖花开。我和侄儿、侄儿的小伙伴小鹏，一起驱车前往狮子口大山。山径盘桓，峰回路转，一路上我们都聊着大山卫士的故事。侄儿的小伙伴家境贫寒，一度辍学，是刘真茂老人和当时的县领导关注他，帮助他，才让他重返宜章一中校园，重拾学业，才考上了大学。如今侄儿的小伙伴已经加入中国共产党，他和我兴奋地絮叨着刘部长对他的帮助。侄儿也对我说，他也想加入狮子口大山保护协会，并已向狮子口党支部递交了入党申请书，想让刘真茂老人成为自己的入党推荐人。"我觉得非常有意义啊。"侄儿眼睛明亮地说："城市的繁弦急管，红灯绿酒，哪比得上这自然的白云蓝天，青山绿水呵！"

行车路上，侄儿继续说着2020年他第一次登上狮子口大山的故事……一个半小时终于来到坪乡村，这是一个在瑶岗仙天鹅峰与狮子口大山之间形成峡谷的村子，分为上中下三村。山谷一边通向碧波荡漾，水光接天的东江湖风景区，一边通向充满神奇的九子岭下，三望坪前的赤石与渔溪村。据小鹏介绍，每当夏秋早晨，东江湖的水汽就化云作雾，如潮似河，缓缓从山间流淌而过。站在山头，看向山间云海，颇有王维"行到水穷处，坐观云起时"的诗意与豪情。小鹏说，这是他的家乡，也是刘部长的家乡。小鹏继续向我介绍：坪乡村原因大山阻隔，交通不便，较为贫困。但经过这些年的精准扶贫，在保护农田与绿水青山的同时，也下拨扶贫资金"除旧迎新"，新建洋房，家家户户都住进了敞亮舒服的新房子。的确，山间别业，饶有趣味，想来再过几月，夜间睡觉，窗外定然是蛙声一片，蝉鸣高起，静中有闹，方更显清幽宁静。而这村中山居的虫鸣蛙唱，古老歌谣，也最能安抚浮躁焦愁的年轻人，还有离乡背井的游子。小鹏还介绍，因为县城工业区的开发，村中年轻人也不必再听着《故乡的云》，车下岭南贴补家用，而是就在长冲工业区就业。工资与外出就业相差无几，而离家更近。老人不再因"空巢"孤单，孩子不再因"留守"哭泣。小鹏的哥哥最近就在宜章县城买上了新的电梯房，正在装修。孩子读书，可在城里，放假小憩，又可返村。大家都在感叹乡村振兴的好政策。

三

我们停车背包，准备向山中进发。穿过村落，踏上一条不过三尺宽的泥泞小路。我们且行且观景，小路上是大片的树林，树林后是深蓝色的天幕与大朵的浮云。小鹏背着包，轻松走在泥路前头，他说，这路都是刘部长用镰刀一点点砍开的。不爱运动的侄儿双手叉腰，拖着脚步，垫着底。我看着这条小道，问道，"下雨天，这路不是很难走吗？"小鹏随意答道："是啊，因为很少人走。"听到这句话，我不由得想起鲁迅先生在小说《故乡》中的名句："希望是本无所谓有，无所谓无的。这正如地上的路；其实地上本没有路，走的人多了，也便成了路。"小鹏接着说道：

"平坦的路，固然走得轻巧，泥泞的路，才能走出坚实的步伐。走正确的路，不就该很难么?"这句有哲思的话，让我不禁认真打量起眼前这个二十多岁的小伙子。早岁哪知世事艰，而他经过多少风雨，才有今天的坚毅。

路过大片的森林，看到了一块狮子口大山省级自然保护区的界碑。山路更为陡峭，前头海拔已近千米，我以为前头的山顶便是，于是安抚膝盖，强打精神，一头扎进山头的竹林。竹林成片，绿荫成湖，山风吹来，沙拉作响。穿过竹林，我越发感到这可真是未经商业开发的原生态森林，难怪栖息着水鹿，娃娃鱼等多种珍贵动物。小鹏随手一指，又是几棵被誉为植物中"活化石"的红豆杉。穿过竹林，山顶已在前方，我回头往下看，坪乡村落已远，新房散落，袅袅炊烟，点缀山间。我想，其实现在乡镇的很多共产党员，都一心为公、为民做出了他们应有的贡献，他们不需要烧香立庙，这村落上空袅袅升起的炊烟所象征着的幸福生活，就是最好的见证。我这么想着，小鹏说："阿姨，我们还有很远要走，你快些吧!"我放眼望去，是一个大峡谷，远处有水声传来，峡谷边上，小路围绕。又好气又好笑之间，我蓦地就明白了古人杨万里"正入万山圈子里，一山放过一山拦"之言诚不欺我。

穿过这个近年来被评为"国家石漠公园"的赤石汇溪大峡谷，看见了如金庸小说中郭襄那般灵动的赤石渔溪河源头的瀑布，再爬上一座山头，累得我们几个人膝盖发软，终于看到报道中曾见的狮子口瞭望哨。它坐落在狮子口群峰中名叫朝阳仙，海拔1556米的向阳高地上，一边是刘部长几十年前凭一己之力搭起的老屋。刘部长吃饭睡觉都在此处，装饰简朴，环境简陋。另一边是今年搭起的白色板屋，下层是狮子口党支部会议室所在地，上层是大山迎接客人的房间。在房间边上，一面红彤彤的党旗高高飘扬。

四

"刘部长不在呢!"迎面走来一位中年妇女,她一边走来一边说道。她的口音与我老家平和话相似,侄儿却听不明白。小鹏马上迎了上去,聊了起来。小屋走廊上挂满了社会各界送来的锦旗,我们一边聊着这些锦旗背后的故事,一边向小屋走去。

"刘部长在忙狮子口修路的事呢!""他呀,希望以后更多人来狮子口,一起保护狮子口,一起开发狮子口,把这片青山绿水传承下去。他常说,以前狮子口,不通电,没有网。如今热水器有了,通电了,Wi-Fi 也接上了,县领导指示林业局每个月会给我们经费,要我们把这片天地,保护得更好!""刘部长在哪啊?这就难说了哦,狮子口很大的!巡山,看路?我也不知道了嘞!"

当我听到刘部长不在时,心头微微有点遗憾,想起了自己在课堂上教过的诗文,贾岛的《寻隐者不遇》:松下问童子,言师采药去。只在此山中,云深不知处。同是深山寻人,亦同是寻人不到。贾岛钦佩隐者的高洁品质,出淤泥而不染,因而隐居山中。我敬佩的是刘部长"功成不必在我"的胸怀,为人民服务的精神,为万家欢乐而独守空山的境界。我想,这又是给学生讲这篇古诗文时,很好的教学素材了。山的形象,也从语文课本上,立了起来。我一边这样想着,一边品着刚泡的春水新茶,一边静听老乡娓娓道来。

"刘部长最大的心愿就是把路修好,之前开党会,让党员们起了模范带头作用,募资修路。如今马路已经修好了。山下许多人可驱车而来。"

"刘部长说,他就一直在山上了,守着这片山。前几年很多人因报道来到这里拜访,住上一两天,瞭望哨也欢迎来大山的客人,所以包吃包住。但大伙总是偷偷塞钱给他,刘部长不接,于是访客们偷偷将钱塞进被子。刘部长无奈，只好明码标价，早餐五元，中餐晚餐十元。这样，收点成本钱，然后攒起来，作为修路的经费。他说，这些钱取之于民，用之于民，他只是负责保管而已。"

"刘部长说，坪乡村很多人都依靠狮子口大山，发展简单的旅游业，比如农家乐之类的，村里居民收入得到了提高，城里客人也很欢喜。"

"刘部长说，这几年报道热过去了，加上疫情，来的游客少了很多。但他依然会坚守在这里，这是他对党和领导们的承诺，更是对人民，对自己的承诺。一诺既定，万山无阻。"

"刘部长最近急着要准备狮子口自然保护区协会名单，开党支部会议，进一步扩大保护山林的队伍。"侄儿听到这里，拍着胸脯说："我也是一个！"

歇息片刻，我们出门，听着李宗盛的歌曲《山丘》，在"说不定我一生涓滴意念，侥幸汇成河"的旋律中，移步换景，翻山越岭，又经过几小时的跋涉，登上狮子口大山山顶。大山山间，道路新拓。海拔更高，山头树林渐消，一路皆是青青草碧。抬眼望去，春天的脚步正轻盈着。天空辽阔，苍穹旷远；白云悠然，飘浮山间。此刻我最大的感受就是山间新开的道路，使天堑变通途，连通了大山和远方，鼓舞了老人的心田。年轻小伙子小鹏在一边感叹美景，吟诵起陶弘景的《诏问山中何所有赋诗以答》："山中何所有，岭上多白云。只可自怡悦，不堪持赠君！"忽然小鹏又大声叫我和侄儿，伸手，向远方指去，那边山间，尽是粉霞点点，原来是满山含苞待放的映山红在山中羞笑。

我想起了很多人，很多事。

一辈子很短，如白驹过隙，转瞬即逝。可这种心情很长，如高山大川，连绵不绝。

狮子口山顶，对面可以看到悠远而来的五盖山，而在山下，是我儿时所在的家乡，它变得更美了；狮子口山顶，前方可以看到星星点点的赤石村，赤石大桥横跨东西，成为宜章的新地标；狮子口山顶，往后可以看到来时的路，新开拓的路，我相信狮子口大山，也将有新的发展，新的天地。

五

从狮子口回来，我欢喜于狮子口的新变化，于是迫不及待地，想要把狮子口大山的新故事，登上狮子口"一览众山小"时所领略的心情讲述出来给大伙听，给我的学生们听。

我想说就这几年，山上修路了，以后大家去参观游玩，更为方便；我想说就这几年，那里的人们收入提高了，也有更好的工作和生活方式；我更想说大山那"岁月虽易逝，山河却又晚"的一以贯之的坚守和山中之人的淡泊。

小鹏在归途笑着和我说，刘部长已经有接班人了。正确的路，总是会难一些，但是一定会有人走下去。特别是在党和政府的春光润泽之下，狮子口大山的守山卫士会一直坚守在那里，就像天地大美而不言，就像狮子口大山，一直在那里。

第四章

教研风采

— 教坛追梦 —

抓基础重训练，切实提高语文复习效率

——小学毕业班复习研讨会讲座

作为一名六年级的语文老师，把我自己怎样抓毕业复习的思路在此简单地讲一讲。

在座的各位语文老师都是语文教学的行家里手，对于小学毕业班的语文复习教学我有一些不成熟的做法，希望今天能起到抛砖引玉的作用。我打算把语文总复习分三个阶段：

第一阶段：回归课本、系统归纳、重抓基础。（在5月中旬至5月底，完成第一轮教材复习，夯实基础。）具体内容以六年级上下册为主，五年级上下册为辅，依据课程标准，以教材为本，按照课本编排的顺序逐组课文进行复习，明确每单元课文的主题、类型、在表达方法上的特点，抓住课文重点、知识点及课后习题。复习时，每篇课文都读，选重点熟读，精读背诵。为了尽快使学生掌握最重要的、需要积累的词句段篇，凡是课本上规定需要背诵的课文、段落、格言、诗句等内容，要求学生必须背诵或默写。每段时间组长小检查，老师大检查，通过检查促使每个学生都过关。对于生字、重要词语，让每天的值日班长，利用早上或下午课前的20分钟组织学生先听写，听写过后由老师监督，同桌交换批改。发现有错误，立即快速订正三遍，紧接着进入下一课词语的听写准备，然后，把这些写错的词语在作业本上集中起来多写几遍；最后由组长督促，同桌之间互相听写自己每一课写错的词语，争取这一次无错字。

我觉得复习课型应当多种多样，为调动学生的积极性和主动性，可以采用讲—练—讲，练—议—讲，回顾总结—练习测验—讲评提高等不同形式；有时可以让学生先根据复习内容和要求，自己先复习，在复习过程中发现疑难问题，师生共同讨论解决，最后再让学生针对薄弱环节练一练，达到温故而知新的目的。单元复习课这样安排：第一节自我复习，质疑问难，第二节字词背诵、检测，第三节阅读复习，第四节读写检测。同时应做到以下两点：1. 生字、高频错别字和背诵与默写的筛查。生字、背诵、默写要求学生逐个筛查过关。生字词的复习首先要掌握文中现有的生字词，其次是加以拓展，学过的生字组成新词，也要会写。对于听写、练习中出现的错别字，老师要分析、总结出错的原因，进一步指导识记方法。如，同音字乱用时，可以指导学生从字义这一根源上加以分析、判断；形近字乱用时，可以引导学生充分利用汉字大多有形旁表意的特点来加以区分。学生改错时，引导他们用自己最有效的方法，如记在错字本上、把错字写在纸上贴在家里的书桌上或桌前的墙上等，不断强化，或者让同桌随时听写检测，最大限度地避免错过的字一错再错。要求背诵的部分，主要放到学习小组或家中检查，必须人人过关，分三个环节落实：同桌关、组长关、和教师关。一环一环地过关，确保落到实处。背诵之后的默写不可忽视，一定要落实在笔头上，应经常进行一些小型的突击性的默写比赛，学生很感兴趣。过好教材关，才能将学习新知识时一知半解的知识弄通学会、将已经遗忘的知识勾起回忆、将已经掌握的知识加深印象。2. 关于课后题，重点题目要人人过关：基础字词做到准确无误，回答问题要全面准确，资料袋中的内容要熟知，小练笔要确保练到，且指导、讲评。对各单元的语文园地或回顾拓展的复习，要做到"三会"：会理解、会背诵、会默写；二要注重题目的拓展、迁移运用。总之在系统复习时，我们要尽量做到不遗漏、不留知识死角，不能说面面俱到，也要统筹兼顾。

第二阶段：专题分讲、精讲精练、提升能力。（在 5 月底至 6 月中旬完成第二轮板块复习。）专题分讲，在教材复习的基础上，将知识点分类，做好专题板块复习，以拼音汉字、词语、句子、标点符号、修改病句、口语交际综合性学习、阅读理解、习作指导为专题，以八个练习为重点，分门别类进行复习。1. 基础知识部分。以拼音、字、词、句、标点的复习为主。可以结合学生在前面系统复习中出现的问题或薄弱、遗漏之处，设计看拼音写字词、多音字组词、选择正确的读音、形近字组词、写出近义词反义词、填上合适的词语、查字典填空、照样子写词语、仿写句子、补充句子、给句子加标点等专项训练。2. 阅读部分。包括课内阅读和课外阅读。阅读能力的培养在于平时的教学，复习只能是一个加强、提升的过程，不过复习时还是要强化阅读，向学生宣扬阅读的好处：一是为了获取信息，二是满足精神上的需求，享受阅读的快乐。向学生提出阅读要求：第一是默读，不得发出声音，不得互相干扰；第二是要学着静下心来，心态不能浮躁，要用心地看文章，要看懂。布置阅读任务：每周要看三篇文章或优秀作文。要看懂，每看完文章或作文后思考一下有何收获，对做得好的给予表扬鼓励和指导。重点放在审题、解题的方法上，让学生掌握做题的技巧。可以选择或设计部分典型的阅读题，有条件的话可以统一买或复印一些资料，让学生见识各种题型，学会做题的方法，知道遇到这样的题应该从哪些方面去思考、怎样规范作答。3. 习作部分。写作，大多数人都觉得特别烦恼。如何让学生的习作写得语句通顺，语言优美，我想这是大多数人面临的一个难题。

我的作文训练方法是：

（1）大量阅读。这届学生是我从一年级带上来的，是我的一份试验田。从一年级开始，我就提倡整本书阅读，还记得一年级全班统一阅读了德国漫画家埃·奥·卜劳恩的《父与子》和著名绘本《妈妈我有多爱你》，二年级统一阅读了《长袜子皮皮》和《小猪西里呼噜》。从三年级开始，我要求学生每天睡前阅读半小时，并做好批注，积累好词、佳句，并开始诵读国学经典，统一阅读的课外书是《稻草人》，国学经典书目是《中庸》《论语》，四年级统一阅读的课外书是《夏洛特的网》，国学经典是《孟子》上，五年级的统一阅读书目是《苏菲的世界》，国学经典是《孟子》下，六年级的统一课外阅读书目是高尔基的《童年》《爱的教育》《鲁滨孙漂流记》《骑鹅旅行记》《汤姆索亚历险记》《爱丽丝奇遇记》，国学经典书目是《诗经》。三至六年级的假期，指定阅读书目是中国的四大名著，和教研室推荐的一系列的假期阅读书目。这是一项长远而艰巨的工作，需要老师花费很多的精力和时间去指导督促。很庆幸，六年下来，我们班还是有一部分学生坚持得不错，写作水平很高，我始终坚信：作文只有厚积，才能薄发。

（2）精讲多练。除单元作文以外，每星期要求学生必须写两篇周记，教师认真批改，而且不放过书本上每一次的小练笔机会，要求并指导学生去写。对于写得好的要讲评、赏读加分，拍好上传到家长群去共享。

（3）精批细评。这个环节非常关键，在批改作文中，我是最卖力的，会将错字标点都圈出来让学生自己改正，将遣词造句好与不好都画出；分发作文时，还要花一节课的时间来点评。有点进步的点名鼓励，写得好的大肆表扬；哪怕只有一个好词、一句佳句，只要进步了，就要赏读、表扬；然后拿出几篇有代表性的来进行详细的点评，这样，大大地激发了学生写作的欲望。

还有一点，就是要培养学生良好的书写习惯。

我们语文老师都知道，书写对于我们语文科来说太重要了。尤其是作文，几乎快以书写好坏论英雄了。书写好，赏心悦目，留下好印象，得分自然高。所以，我每接一个新班，都会花功夫指导孩子们的书写。我经常找班上写字工整的孩子的作业、试卷展示给大家看，因为榜样的力量是无穷的。每个星期，我会安排一次优秀作业欣赏，把优秀作业拍好发到班级群展示；每考一次，我会把书写好、卷面整洁的试卷先发下去给孩子们欣赏，特别是让书写差的同学与其对比。每一个学期，教室布置都让孩子们用自己的书画作品上墙，除此之外，对于书写有进步的孩子，我会特别提出表扬，把他原来的书写与现在的书写同时展示，让他们知道孩子的书写在进步。在孩子们考试、作业时，我都会去观察他们的书写，对于书写不好的同学多提醒，让他们及时纠正。

习作的复习，除了如何指导写，还要教方法。特别要重视指导学生审题，拿到一个作文题目，至少读三遍：一读想想，这次习作让我们写什么；二读看看，有哪些具体要求；三读看有没有遗漏的要求。考试时，由于时间短，情绪较紧张，有些同学往往草草地看一遍题目，就自以为是地匆匆动笔，这是考场作文的大忌，容易走题。我们要告诉学生，考试的作文题目都是命题者反复推敲、字斟句酌后才拟定的，每个字都有它的作用，应该咬文嚼字、字字入眼，而且写作时，把这些要求全部严格落实。对于本册教材中的八篇习作，我们可以带着学生进行梳理、分析、总结，列出简单提纲，找出共性的部分，如写人的，叙事的，书信演讲的等，指导学生在遇到这一类习作时，知道从何处入手，去想、去写。

第三阶段：综合训练、模拟检测、整体提升。(6 月中旬至小考前完成第三轮综合模拟，全面提升复习。) 1. 综合训练。通过前面两个阶段的复习，我们要把学生的各种信息进行认真分析、归纳和整理，掌握学生的复习情况，切实提高学生的综合素质。一是在全面、真实地了解学生的复习情况后，要避免让学生重复性地做大量已掌握的知识部分的习题。要求他们把精力集中在未掌握的知识部分上，真正做到学生缺什么，教师补什么。2. 模拟检测。精选模拟试题，进行 2—3 轮综合模拟考试，对学生进行一系列适应性、诊断性的测试，从而进一步调控学生的全面复习。检测前要注意加强对学生考试答卷的指导，促使学生养成良好的审题习惯、书写习惯、规范做题的习惯。要把小考当大考，把大考当练习，训练学生良好的心理适应能力。检测后我们不仅要精讲巧评，而且要让学生把知识缺陷记录下来，让学生学会正确地评估自己。面对难度大的习题，应训练学生学会用自己掌握的知识、技能去进行解决，得出自己的经验，以便及时调整复习方向和方式方法。

总之，学无止境，教无定法。没有必胜的诀窍，只有更适合的方法。我不知道我所说的方法对各位老师来说是否适合。讲得不对的地方请大家批评指出，还有一个多月，我们就要面临小学最后的考验了，相信每位老师都能探索出更好的招数。最后，愿我们的复习能保持一份平和、高效，愿我们的辛勤付出能收获累累硕果！谢谢各位领导和老师们！

精彩的 ai ei ui

各位领导、老师们：

大家好！

在这个收获的季节，我校在范校长的英明领导下，不忘与贵校当初结对帮扶的初心，今天，派兰晨曦老师送来了这堂拼音教学课。我想，在刚才的课堂上，大家都见证了兰晨曦老师的风采。小兰老师是我们校这个学期的顶岗老师，她综合素质高，文化底蕴厚，谦虚好学，我们在培植她的课的时候，感觉特别有灵气、有悟性。接下来，就由我对她这堂课进行点评。

说到拼音教学，我觉得这是小学教学的第一道难关，而《ai ei ui》是学生第一次接触复韵母，本身枯燥无味的拼音如何上成生动有趣的课是一大难点。本节课，兰老师为我们展示了她完整的"ai ei ui"第一课时拼音教学课，课上亮点纷呈。

一、结合了一年级新生的特点，注重了学生的行为习惯、学习习惯、养成习惯的培养

这一点，作为一个教坛新秀，尤其难能可贵。具体表现在：小兰老师善于组织教学，孩子们的学习状态一直保持很好，对学生课堂上的坐姿、站姿，握笔姿势，写字姿势，训练学生完整地回答问题，回答问题时的语音语调等等都进行了关注，这种做法，自始至终贯穿在整个课堂中。

二、教师的基本功扎实，课堂目标定位准确，教学设计能力强，环节设计合理、新颖，充分调动了学生的积极性

具体表现在：本堂课在教学设计上，总结起来共有以下几个环节：1. 创设情境，复习导入。2. 利用课件，学习新知。3. 示范发音，先扶后放。4. 启发思维，练习拼读。5. 以旧带新，练习四声。6. 认真观察，细心书写。7. 课堂拓展，突破难点。

在这7个环节中，留给我印象最深的是第二个环节，利用课件学习新知。兰老师针对一年级这一年龄特点，运用了多媒体进行辅助教学，营造让学生兴趣盎然的学习气氛，如教学 ei 时，课件出示《拔萝卜》这一儿歌动画，从《拔萝卜》歌词中的"ei 哟 ei 哟"引出 ei 音，而且拔萝卜这个游戏巧妙贯穿在"ei"的学习中，这样有趣的语文实践活动就很能吸引孩子，孩子能真正活起来，动起来，在活动中掌握读音，巩固读音。

其次，第3点和第7点，教师在教学中遵循"先扶后放，启发思维，突破难点"的教学规律，注重保护学生主动学习的积极性。如，让学生根据出示的图片想办法识记"ai ei ui"的形，让学生自己编顺口溜等。在练习标调这一环节中，重点是让学生知道复韵母声调的标调方法，教师先出示四个没标调的韵母，再课件出示标调歌，教师指导学生读完标调歌后，学生顺利地学会了给复韵母标调。教 ui 时，再回忆标调的儿歌"要是 i u 并排，往后标"，结果教师出示了四个错误的标调，把声调标在了 u 上了，学生一对照发现错了，这样就突破了本节课的教学难点。

三、关注每个学生的学习情况，落实每一个教学环节

课堂上，教师时刻关注每一个学生，训练学生的听说读写能力，学生学习新知，启发学生思考问题，都做到了既照顾群体，也兼顾个体，既是学生学习知识的伙伴，又是学生学习知识的引领者。

接下来说点存在的不足：

成立学习小组时，三人或四人都可以，进行合作交流。教师要加强对小组合作的指导与训练，使学生在参与中学会合作，学会探究，学会分享，学会学习。不要以为一年级年龄小，不适合小组合作，指导好了照样管用，而且从小就能培养学生合作的品质。拼音教学中能不能进行合作式教学研究，通过这堂实践课，我想，只要我们找准合作点，教会学生合作讨论问题，拼音教学同样可以进行合作式学习。只不过要同时注意合作人数，以2—4人为宜。如：在教学读四声时，教师采用同桌或四人合作的方法，以轮流读的方式进行合作。学生在合作学习实践中互相帮助，互相完善，就能取得长足进步！在复习时，又设计了小手拉大手的练习。在设计时，该教师考虑到学生刚进入学校，做这样的练习题有一定的难度，于是让学生四人一组，进行合作完成，整个练习题围绕今天教的这6个生字进行，其中有学生的自主活动，又有合作完成任务的实践，而且学生参与面广，使学生在合作中复习了学过的生字，朝着自主、合作、探究的学习方式迈出了坚实的一步！

巧用描写，凸显人物特点

——点评欧娜庆老师县级示范课

各位领导、老师：

　　大家上午好！

　　首先感谢组织、策划"县一中共同体"这次活动的领导、老师们，你们辛苦了！下面，就我校欧娜庆老师的习作复习指导课《巧用描写，凸显人物特点》谈谈自己的感受。

　　这节课的亮点主要有：

一、习作指导有针对性

　　课堂教学中，尤其是复习阶段，最忌胡子眉毛一把抓，什么都想要，结果捡了芝麻，丢了西瓜。我认为，好好落实教学目标，突出重点，突破难点就是一节好课。在这节课中，习作的主题就是能"在习作中运用所学的描写的方法，把文段和文章写生动具体，凸显人物的特点"，欧老师在细节描写中侧重于如何分解动作、环境烘托和调动感官的重点指导。老师课堂指导定位清楚，准确，不贪大，不贪多，有鲜明的针对性。

二、习作指导有方法

　　老师在指导开始时，先用课件出示了描写不具体、特点不明显的文段，指出了导致文段不具体、人物特点不明显的原因，顺势复习了常见的描写方法。接着老师引导学生通过评改文段，师生一同归纳方法，教师展示学习妙招，让学生懂得什么是环境描写，环境烘托的作用，知道了人的心情与环境描写息息相关，以及充分调动感官，将所见、所闻、所感、所想写出来，如：在指导学生如何调动感官来进行细节描写这个环节中，教师有意识地截取了一段视频，视频所流露出的内容是月黑风高的夜晚，爸、妈上街去了，我一个人待在家里。突然停电了，一片漆黑，这个可怕的境遇，学生几乎都遇到过，最熟悉不过了。欧老师通过指导学生眼睛看，耳朵听，心里想，怎么做几个环节就把这个场景描写得生动具体了，凸显了人物当时非常害怕的特点，感受这种情感体验。接着让学生读中体会，读中领悟，最后迁移，运用到写。

三、教师点评有侧重、有实效性

在部分学生完成初稿后，老师组织学生小组合作，进行互评、赏析，并推选出好文章。老师也对不同层次的习作片段进行了展示点评。对写得好的习作，一边用希沃技术的效果笔勾画出各种描写的句子，一边进行梳理，点评、归纳学生写出美句、佳句的原因，并且与前面的指导进行了呼应，同时也加深了学生的印象，肯定了这个同学习作的成功之处。对不同层次学生的习作，欧老师都予以有代表性地展示，给了这些同学很大的信心与肯定，同时也中肯地说出文段中出现的错误，如：错别字、病句等，随后立即表达了对该生的希望。可以说在点评时老师用心了，学生也在老师的点评中都有了不同层次的收获。

四、善于引导学生开拓作文思路

《义务教育小学语文教学大纲》在小学作文教学要求方面，特别重视观察的作用，强调了要对学生进行观察指导，指出了观察指导的途径，提出了明确而具体的要求。由此可见，观察指导，在作文教学乃至于小学语文教学中的地位是十分重要的。学生作文，其材料主要来源于五个方面：亲身经历获取的、观察获取的、听获取的、阅读获取的、思考获取的。在作文教学中，我们都曾有这样的共识，每当学生经历一次活动后，作文往往就写得比较好。究其原因，我们不难得出这样的结论：有生活、有活动，就有作文思路，反之则不然。

欧老师这节课在这方面切入得非常好，能在观察、捕捉学生多元化生活的前提下与时俱进，将学生们的日常生活场景作为写作素材给挖掘出来了：如在"学以致用"这个环节先过渡引导学生，在今年的抗疫中，同学们已经做了三次核酸检测了，还记得自己第一次做核酸检测时的心情吗？或许有的同学感到很紧张，有的同学会感到很期待甚至很兴奋，要求：运用所学的描写方法，将自己的感受写生动具体，方向有紧张的我、兴奋的我、期待中的我……

不出所料，从孩子们的片段展示中可以看到：他们好像有一种冲动，很愿把自己想说的意思表达出来，与此同时，学生的后续写作也精彩纷呈。欧老师通过观察指导学生、留心他们的实际生活，挖掘了写作的内容，开拓了学生作文的思路。

课堂是一门遗憾的艺术，听完这节课，我作出上述点评，说得不到之处，请大家多多指正，谢谢。

培优辅差抓关键，家校合作成通力
——宜章县三完小五年级市统考提质动员会

为迎接五年级即将来临的市统考，全力搞好市统考前的精准备考工作，2020 年 12 月 23 日上午放学后，在校长室召开五年级全体科任老师迎接市统考提质动员会，对期末复习工作进行了具体部署。范向梅书记、刘诗兰、李利爱副校长等领导出席会议。会议由管教学的刘诗兰副校长主持。

就如何做好复习迎考工作，刘诗兰副校长讲话字字如金。一是抓好书写，认真对待网上阅卷。二是抓紧时间结束新课，拟好复习计划，先单元复习后综合复习。三是各科目组分组开好碰头会，群策群力商讨各科的复习计划，发挥团队作用。四是注重培优辅差，教师要运用攻心术，把自己的语言、行动艺术化，激励两极学生，为他们定制小目标并完成小目标。五是调动家长的力量，要家长们通力配合，切实提高复习的有效性。

随后，范向梅书记作了重要讲话，充分肯定了刘校长的发言，及五年级全体教师认真负责的敬业精神。并提出几点建议：一要在思想上高度重视市里的统考工作，从思想上深刻认识到抓好期末备考工作的重要性。二要在复习时，培优辅差要有针对性，携手家长通力合作，讲究时效性。三要抓好学生的学习习惯：卷面干净，字迹工整，认真检查等，并高质量上好复习课。

四要重视全科，抓好五科统考科目的复习，齐头并进。

本次动员会是成钢前的淬火，是完善复习工作的黏合剂，更是取胜收官战的指挥棒！钢枪已经擦亮，战鼓已经敲响，五年级的这次动员会，进一步增强了老师们的责任感和使命感，鼓舞着老师们向着"科科第一，遥遥领先"的目标一起起航，一起出发！

第五章

亮眼的公开课

— 教坛追梦 —

《繁星》 教学实录

【教学目标】

1. 树立热爱大自然的思想，学会观察大自然。

2. 学习按时间顺序组织文章结构的写法。

3. 学习并运用联想和想象来写景状物，抒发感情；学习并运用比喻、拟人、排比等修辞手法。

【新设计】

个人批注阅读。

组内合作探究，集体讨论、交流、展示。

【学情分析】

运用联想和想象来写景状物，估计初一好多学生还不能一下子掌握，要有示例，引导学生学习。

【重点难点】

教学重点：

理解作者在不同时间、不同地点观看繁星的情景及不同的感受。

教学难点：

运用联想和想象来写景状物，抒发感情。

【教学过程】

课前活动：

1. 通读课文，扫清字词障碍：读准字音，看清字形，理解词义，在课本上标注拼音，在《学习手册》上做摘录，不少于10个。

2. 查阅资料，了解作者及写作背景。

3. 读懂课文，在书上画出作者三次看星的时间、地点、情景、感受，理清文章结构。

4. 读熟课文，选择精彩语段有感情朗读。

课堂学习：

一、导入

PPT展示美丽的繁星图片，进行谈话。

师：孩子们，这个暑假，生活过得怎么样？我替你们回答哈，应该不错，因为我从你们的写话《暑假趣事》中就看出来了，可以用八个字来概括形容：丰富多彩，各有收获。

师：暑假，老师也外出了半个月，去了一趟非洲撒哈拉沙漠，在沙漠中住宿了半个晚上，在那里，我以我们的越野车和猴面包树为背景，拍摄了我自己认为最满意的一组星空图，请欣赏！

师：看着这美妙的星空，看到你的摄影作品，老师的感受是：繁星闪烁着的深蓝太空，似乎听得见星星们在对话，沉默中、微光里，星星们一定在深深地互相赞颂着自己。你们觉得呢？

师：那些伟大的作家们，总能用优美的文字拉近读者与自然的距离，能让读者收获无穷的力量与感动，今天，让我们一起走进伟大的作家巴金先生写的《繁星》。（板书。）

师：这个字读 fán，"繁"字是什么意思？

师：你（点学生），按你理解的意思组个词。

师：谁还能组词？

生：繁殖……

师：繁殖是多的意思吗？再查查字典，看看繁殖是什么意思。（生物为了延续种族的一种生理过程）谁还能组词？

生：繁茂。

师：你说是不是多的意思？

生：繁茂也形容许多。

师：一般用它来形容什么？

师：树林，是不是里面含着多的意思呀？

师：今天这个繁星是什么意思？

师：很多星星，还能怎么说？

生：有数不清的星星。

师：满天的星星可以吗？

生：可以。

二、课堂活动

日积月累是语文素养形成的重要途径，通过预习，我们搭起新旧知识的桥梁，我们了解即将学习文本的背景。

活动1：理清文章结构，整体感知。

师：大家了解巴金吗？预习了的哈，来，谁为我们介绍一下巴金？展示一下你们的预习成果。

师：注意了，在介绍巴金时，我有个要求，首先，大家要认真听取同学的发言，如果别人没说到的内容，你可以举手进行补充，别人说过的，就不要重复了，好吗？

师：谢谢。刚才这些积极发言的孩子们，他们这种课前预习，并且善于整理资料的好习惯，值得大家学习！

师：其实老师也把这篇课文，还有巴金的部分信息，也整理出来了。请看大屏幕！

师：他早在一九二七年的时候，乘船到法国巴黎去读书，在途中，给他的哥哥写了许多游记，这篇《繁星》就是他在途中写的好多游记中的一篇。

师：那好，打开书。我们一起来研读一下！

师：谁来读读课文？（点学生）你来。他读的时候，大家想这么一个问题。先拿出笔来，一边听他读，一边注意想，手里还得画。想什么呢？看看作者在这篇文章里共有几次看星星，每一次在什么地方，什么时间，怎么看，都画出来，同时还要注意本课的字词的读音。

师：好，一边听他读，一边想。

（一生读完课文）教师帮助纠正读音，课件出示。

师：他读得还不错，就是有几个字词要注意它们的读音和理解，以后再读的时候，要注意一下。出示课件。

师：我们一起来了解，预习时没做记录的要做一下记录！

课件出示：部分字词，教师讲解。

师：刚刚，老师交代的第一个问题，大家把该画出来的画出来没有？

生：（齐）画了。

师：没有画出来的再看看书，画一画，注意画他怎样看星。

师：为了让大家较圆满地完成这个学习环节，老师今天教给同学们一种新的阅读方法——跳读。

师：跳读，是以寻找某一特定信息为目的的阅读方法，在寻找特定信息的过程中，我们要学会跳过无关信息。

请同学们，用横线画出作者三次看星的时间、地点、情景、感受，完成下列表格，在4人或6人小组间互相讨论，相互补充，相互订正。

课件出示（学生各自看书）。

师：好了，哪一组派代表来汇报你们组的学习情况？

师：作者写了他几次看星星？

生：（齐）三次。

师：我的要求是这样的，得回答两次，第一次用你画出来的，来回答这三个问题，第二次你回答的时候，要把画出来的内容变成你自己的话，简练地概括地回答填在表格里，试试。

生：在家乡。

师：你先告诉大家，你读的是哪一次看星，这样就明白一些。

生：我读的是第一次看星，从前在家乡……怀里似的。

师：谁能比他说得更概括？没人敢举手了，大胆一点，让我来指导你一下！

师：真不错！阅读能力，概括能力都有进步了。

师：大家对比一下表格，这三次看星的感受为何不同？

师：作者看星的时间不同，年龄和阅历的增长，对星空的感受逐步深入了。

师：请问，这篇课文是按什么顺序写的？

大家把时间地点都搞清楚了，下面我产生了一个怀疑，不知道你们产生了没有，我刚才说这篇文章是巴金写给他哥的一篇什么呀？

生：（齐）游记。

师：我认为一篇游记，就是写在旅游路上，今天我到哪儿了，去哪儿玩了，但这篇文章不太一样，你们看一看：这三次星，只有哪一次像是游记？

生：只有第三次。

师：你为什么说只有第三次有游记的味道？

生：因为这一次是在海面上给哥哥写信，前面两次都是他以前在家乡看星星。

师：你说的有一定道理，但还不是太清楚，谁能说清楚点？

生：我觉得如今在海上是写的他现在，前两次看星星都是在回忆。

师：也就是说，在家乡、在南京，是不是在他这次旅游的过程中发生的事呢？

生：（齐）不是。

师：那么，游记只能写我这次在旅游中看到的东西，如今在海上、在舱面上看星，这才是真正的游记，是不是？

生：（齐）是。

师：也就是说，只有这一段才像游记。现在又出来问题了，巴金是位大作家，他写了三段，为什么有两段不是游记呢？这是怎么回事啊？

生：我想，他是想念家乡，回忆在家乡看星星的感受。

师：他为什么想起了在家乡，在南京看星星呢？

生：因为他在去巴黎的途中，在海上也在看星星。

师：在海上一看星星，就想起来小时候在家乡、在南京看星星的情景了。也就是说，由这次引起了前两次的回忆，是这意思吗？所以他在海上看星星时，就想起以前看星星了。

师：还有一问题，这个回忆以前看星星和现在在舱面上看星星之间有什么关系？问题的答案就是你们今天学这篇课文的重点。看看"回忆"和"现在"之间有什么关系，要把这一点弄明白了。

师：这就是联想，看到甲事物想到与甲事物相关的乙事物，它和想象是有区别的。板书：联想。

师：我下面还有一个问题，你们看本文，这三个自然段，分几大段比较合适？

生：分两个大段比较合适。

师：第一大段是什么？

生：是第一自然段和第二自然段。

师：我问你第一段是写什么？

生：是讲作者第一次看星星和第二次看星星。

师：也就是说，刚才我们说的哪两个字？

生：（齐）回忆。

师：回忆，这是第一大段。第二大段自然就是在海面上看星星了，是不是？

生：（齐）是。

师：没有一个说不是的？都随大流了？

生：我认为课文分三段。

师：为什么这样分？

生：我是按照地点来分的。

师：你是按地点的变化来分的。还有吗？

生：我也是一个自然段分一段，我是按照时间的推移来分的。

师：按时间或地点都能分成三段。你们说分三段行不行？

生：（齐）行。

师：嗯？一会儿说两段也行，一会儿说三段也行，怎么回事？

生：我觉得分三段可以。

师：分三段行不行？

生：（齐）行。

师：对了，这三个自然段按照时间，地点各分一段也可以，按照回忆和现在分两大段也可以。两种分法都可以，明白了吧？

生：（齐）明白了。

活动2：品读感受，体验情感。

师：读书如品茶，看似平凡的文字，却表达了作者独特的情感，细细咀嚼，如余音绕梁，三日不绝。请同学们品读作者三次看星星的感受的句子，说说其中蕴含的情感。

师：那么，咱们一次一次地来研究。先看第一次，是在哪儿，什么时间，怎样看星，谁又来读一读？你体会到了什么？课件出示。

生：第一次："从前在家乡"，"望着星天"，"仿佛回到了母亲的怀里似的"。

（少年时的作者，感到了家的温暖和对母亲的依恋。表达了作者望星天所产生的甜蜜、温馨之感和依恋之情。）课件相机出示。

第二次："三年前在南京"，看星星，"好像它们就是我的朋友，它们常常在和我谈话一样"。

（感到了星星的亲密，表达了对星星的信任。是一种朋友般的情谊。既表达了作者对光明的追求，又表达了作者与星星亲密、投机的伙伴之感。）

第三次："如今在海上"，"我望着那许多认识的星，我仿佛看见它们在对我眨眼，我仿佛听见它们在小声说话"。

（感到和星星很亲密。写出了海上望星星的无比舒心、安详和陶醉的感受，以及与星星的知心之情。表达了作者对大自然的热爱、对美好生活的向往，体现了作者的童心、童趣。）

活动3：

师：你们说这几段哪一段写得最好？

生：第三段写得最好。

师：就是在海面上那一段，也就是真正的游记，这一段。对不对？

生：（齐）对。

师：那么，咱们先学这段行吗？

生：（齐）行。

师：作者看这样的星，心中是什么样的感受。下面你一边默读一边画，画完了就开始朗读。（学生各自读文，同时勾画。）

师：读完了，你们说，作者在海面上看星星是一种什么心情？

生：他看星星的时候非常思念自己的祖国。

师：哦，你看得那么远，能想到他思念祖国。我问的是什么心情。

生：他看星星的时候，可能有点思念母亲。

师：思念母亲。他高兴不高兴？

生：不高兴。

师：为什么？

生：因为他有点思念祖国，思念家乡和他的母亲。

师：一想起母亲和祖国来就不高兴了？（众笑）你是不是一想起妈妈来就不高兴？（众笑）你究竟是什么意思，把第一句读一读，我听一听。（生读第一句。）

师：你不像思念家乡。如果我出了国，思念家乡了，肯定不会是这样的语气的。大家明白我说他读得怎么样了吗？

生：读太快了。

师：太快了，再读一遍。（生重读这句。）

师：这回有点像思念了，谁能读得比他更富有思念感？

（另一生重读这句。师指导语气，并领读，让全体同学齐读。）

师：谁再读一下？（一女生读文。）

师：她是不是觉得这船开得太快了？（众笑）（另一女生重读

这句。)

师：读得不错呀。

生：因为她好像真的看到星星一样。

师：你说她好像身临其境一样，这话有点道理。

生：我觉得她读的语气特别不错。

师：那么你自己说说吧，你是怎么理解怎么读的。

生：（刚才读文的女生）作者在海上看到星星的时候，他非常想念家乡和自己的母亲。

师：作者写的是星星在他眼中的样子，不要回答什么问题，也不是让你说他想念。不明白吧？坐下，大家再看课文，看看这层意思有几句话？每一句的星星是什么样子。

活动目的：赏析精彩语句，提升写作能力。

活动目的：品析课文重点段落，学习拟人、排比、比喻等修辞手法的运用。

活动方式：小组交流——展示各组合作成果（每组推荐一至两名代表在全班交流）。

看到同学们从巴金大师的文章中学到了不少写作知识，不妨写个小片段，展示一下自己的学习成果，怎么样？

《狐狸和乌鸦》 教学设计

【教学目标】

1. 听懂故事，巩固识字，懂得道理，能够开启课下的延伸阅读。

2. 在听故事时进行人物形象对比，开启课下延伸阅读。

知识与技能

1. 有感情地朗读课文。

2. 在理解寓言的基础上，感受寓言中蕴涵的道理。

过程与方法

以多媒体辅助教学，通过朗读、感悟、品读课文内容，理解寓意。

情感态度与价值观

让学生明白：爱听奉承话，就会上当受骗的道理。

【重点、难点】

朗读课文，感悟寓言中蕴含的道理。

【突破方法】

引导、点拨、合作探究。

【教法与学法】

教法：引导、点拨。

学法：自读自悟、合作探究、有感情地朗读。

【教学过程】

第一课时

一、猜谜导入，揭示课题。

师：同学们，猜猜这是谁？（出示谜语。）

生：狐狸。

师：那么，你们知道狐狸的性格有什么特点吗？

生：狡猾。

师：对，狡猾。

师：同学们，看，这又是谁呢？（出示谜语。）

生：乌鸦。

今天，我们就来学习一则寓言故事《狐狸和乌鸦》，狐狸和乌鸦之间发生了什么事呢？请同学们听读课文。（板书课题。）

二、初读课文，自学生字。

1. 学生自由读课文，要求读通、读顺，边读边画出生字。

2. 自学本课生字，师巡视。

3. 检查自学情况。

（1）出示生字，开火车认读，指名认读。

（2）哪个生字比较难记，大家一起想办法。

三、品读课文，读中感悟。

1. 齐读课文第1、2自然段。

（1）师：谁幸运地找到一块肉？她叼着肉，站在高高的树枝上，欢喜极了。

生：一只乌鸦幸运地找到一块肉，她叼着肉，站在高高的树枝上，欢喜极了。

师：谁远远地闻到了肉的香味，迫不及待地跑过来？

生：一只饿得头晕眼花的狐狸，远远地闻到了肉的香味，迫不及待地跑过来。

师：乌鸦叼着肉，狐狸看到肉，它们的心情有什么不一样？

（乌鸦很高兴，很得意，狐狸馋得直流口水，想吃到肉。）

（2）小结：所以第一、二自然段是故事的起因。

（3）狐狸为什么要骗乌鸦嘴里的肉？

（狐狸也是出来找吃的，看见乌鸦嘴里的肉，馋得流口水，而乌鸦在树上，狐狸只好用骗的方法。）

2. 默读课文第 3 至第 5 自然段，重点探究狐狸是怎样骗乌鸦的。

（1）学生默读，用波浪线画出狐狸说的话，用横线画出乌鸦的反应。

（2）研读三次对话，投影出示。

第一次："亲爱的乌鸦，您好啊！"

a：怎样读狐狸的话？找出书上的提示。

（读出有礼貌，讨好的语气。）（摇着尾巴。）

b：乌鸦有什么反应，为什么不作声？它可能怎么想？

（不作声，说明乌鸦有戒心。）

第二次："亲爱的乌鸦，您的孩子好吗？"

a：小声读，想一想乌鸦的反应，发生了什么微妙的变化？

（读出关心乌鸦的孩子，加强讨好的语气。）

b：你是怎么看出乌鸦有点动心了？

（乌鸦看了狐狸一眼，还是不作声。）

第三次："啊，亲爱的乌鸦，我觉得您真美！您的羽毛像缎子一样闪闪发光，森林里没有哪只鸟比您更漂亮！我听说，您的歌喉美妙动听，只是，我从没听您唱过。多想听到您的歌声啊，您唱几句吧！"

a：这个句子该怎么读？

（读出拍马屁，极力吹捧的感觉。）

b：指名读。

小结：第三到第五自然段是狐狸骗乌鸦的经过。

3. 学习课文第6至第7自然段。

（1）想想：狐狸第三次骗乌鸦时，乌鸦此时的反应怎样？结果怎样？

（乌鸦听了狐狸的话，非常得意，就"唱"起歌来，她张开了嘴："哇……"没想到肉一下子掉到了地上。）

（2）乌鸦为什么会受骗上当？

（爱听好话。）（爱听奉承的话。）（爱听花言巧语。）

（3）小结：乌鸦爱听奉承话，结果上了狐狸的当。

四、表演朗读，总结明理。

1. 分角色有感情地朗读。

2. 你觉得这是怎样的一只狐狸，怎样的一只乌鸦？用自己的话说一说。

3. 谁能上台来表演？

4. 说说课文蕴涵的道理。

五、拓展训练。

1. 联系生活实际，说说发生在自己身边的类似《狐狸和乌鸦》的故事。

2. 你想对曾在现实生活中上当受骗的人们说些什么呢？

3. 续编故事，发挥想象。

六、板书设计

狐狸　　　　　　　　　　　乌鸦

第一次　亲爱的乌鸦，您好啊。　不作声。

第二次　您的孩子好吗？　　　　看了一眼，还是不作声。

第三次　羽毛漂亮，歌声美妙。　非常得意。

《三黑和土地》教学实录

【教学目标】

1. 有感情地朗读课文，能结合相关词句说出三黑是怎样看待土地的。(语文要素)

2. 能说出自己对土地的新感受。

【教学重难点】

1. 通过重点词语来体会诗人表达的情感，体会三黑是怎样看待土地的。

2. 能说出自己对土地的新感受。

【教学课时】

1课时

【教学过程】

一、导读引入，整体把握

师：1. 同学们，今天，我们来学习一首和土地有关的现代诗，齐读课题——《三黑和土地》。

2. 从课题上你知道了什么？

(这是一篇略读课文，需要同学们更多自学完成；这首诗主要是写三黑和土地的。)

3. 师：吴沐原，来给大家说说你名字的由来。

4. 师小结：我觉得你的名字不是随随便便取的，听起来很有文化，估计你爸妈绞尽脑汁想了还查了字典。不过，有些落后的农村，一些名字就是随便取的，比如叫二狗、三娃之类的。而诗中的主要人物——三黑，对呀，他是个农民，他是在土地上劳动，耕种收获的人。今天这节课呢，我们要学习的是苏金伞的这首现代诗，它写了什么事，抒了什么情呢？大家都预习过了吧？

生：三黑和土地。

5. 课件出示一组词语：土疙瘩、顺溜、闺女。

师：还有不同的读法吗？通过他的朗读，你们发现这组词语在读音上有什么特点？

生：最后一个字都是读轻声。

师：是的，这三个词都是轻声词。土疙瘩就是土块，顺溜就是说土块平整光滑，闺女就是女儿的意思。刚刚我们说三黑的名字土，他是个农民，而这些语言呢，也土。

师：看看第二组词语，谁来读？

（出示词组：麦籽儿、蝈蝈儿、打滚。）

师：不错，读儿化时，直接在倒数第二个字上卷舌。

师：谁来读读第三组词语。

（出示词组：白霎霎、痒抓抓、蹚坏、打场。）

师：大家发现没有，这一组比第一组词语更土，这其实都是河南话，而且是当地农民的方言，然而诗人都把他写在诗歌里了。"打场"是个多音字，我们来看看图片。（出示课件。）

打场就是用这种拍打的方式，或者也叫碾压的方式，让麦子的种子从壳里出来，这就是打场。

师：谁来读读最后一组：翻土、耙地、送公粮、翻身。这一组词的共同特点是什么呢。只有农民才做的事，翻地，做过吗，怎么做的？看——（出示图片。）把地翻过来才能种庄稼。

第二个词：耙地。（出示图片。）你们干过吗？看一下，怎么耙的？用什么耙，猪八戒的耙子，耙好的地又平又顺溜。

第三个词：读：送公粮。（出示图片。）这个场景就是送公粮，以前农民种的庄稼，大部分归自己，但要交一部分给国家，要交的这部分叫公粮。最后一个词：翻身。

师：这个词很有时代感、还很有历史感，很有幸福感，很有自豪感，这个词是，读——（出示，生读。）翻身。有的同学笑了，说这个词哪有时代感？我们天天翻身，对吧。这个词哪有自豪感，还有幸福感？

师：好，你读了这段话就知道了。（出示课件。）

生读：中华人民共和国成立前，农村的大部分土地是地主的，农民只能为地主种地，受剥削、受压迫；中华人民共和国成立后，农村实行了土地改革，把地主的田地分给了农民，农民可以在自己的土地上耕种，成了土地的主人。

师：自豪吗？幸福吗？什么叫翻身？以前——

生：这些土地都是地主的。

师：现在——

生：农民也有了自己的土地。

师：这叫——（生：翻身）。翻身当家作主，成了土地的主人。文中的三黑就是一个翻身的农民，他有了自己的土地。

（出示图片。）

师：好的，这些词语都会了，现在请大家把所有的词语放进诗歌里去读，打开书，请同学们自由小声地朗读整首诗，一边注意读正确，先不着急听清楚任务，一边读正确一边找一找，三黑和土地这首诗写了三黑在土地上做的哪几件事，开始。

二、任务驱动，自主探究

（一）任务一：走近三黑，走近土地。

1. 本文的写作对象是三黑和土地。请同学们快速浏览课文，三黑和土地这首诗写了三黑在土地上做的哪几件事？提取出关键的信息来说一说。

师：交流一下，三黑有了自己的土地，他在自己的土地上干了些什么？

生：翻地—耙地—歇一歇，再打算……

师：请上来，在这里写下咱们找到的第一件事，翻地，翻完地之后，他干什么了。之后干什么了？他做什么事了。

生：耙地。

师：到黑板上去写，耙地写在翻地的下面，如果你耙字不会写，可以看眼书。翻完地，耙好地，哎呀，他有点累了。于是这个时候，他就。他就你说。

生：歇歇了一下。

师：套用诗里边的词叫什么。

生：歇一歇。

师：很好，上去写歇一歇。孩子们，三黑啊，在歇一歇的时候，看到了什么，看到了什么，哎。举手，哈，你说。

师：歇一歇的时候干了许多事，因为歇的时间比较长。歇一歇的时候干什么？

生：看自己种的荞麦，听蝈蝈叫唤，想想过去的生活，想想现在的生活，想想以后的生活。

师：特别好，有补充吗？

生：打碎土疙瘩。

师：这个属于做的哪件事？谁来把三黑干的事情，用自己的话完整地说一遍。

生：三黑有了自己的土地，他先翻土，翻完土又耙地，耙完地又歇一会儿，他看看自己种的荞麦，听听蝈蝈的叫唤，想想以前的生活，想想现在的生活，想想以后的生活，想完继续耙地。

师：你说的时候，再有感情一些，再生动些就好了。比如用上一些关联词一……就……谁再来说？

生：三黑一有了自己的土地，就……

师：你看，"一"怎么样"就"怎么样，有了情感了。你再说一遍，让他听一下。

师小结：真好，请坐。你看，三黑在自己的土地里先——翻地，翻完了就——耙地，耙累了就——歇一歇，歇完了又——继续耙地。他不停地在自己的地里劳作。这就是《三黑和土地》，这是一首——叙事诗，写的就是这些事，明白了吗？

2. 引导质疑："翻身的人"——为什么说三黑是翻身的农民？

请大家结合"资料链接"，自己读一读，想一想。（提示：可圈画出自己认为对思考有帮助的有价值的信息。）

读，读出"心情"。

师：凭借我们的知识和经验，我们知道做农民啊，干农活是很累很辛苦的。但是这首诗有没有表现三黑的苦和累？

生：没有。

师：他写的是三黑在土地上劳动的什么心情，哎，找。看哪位同学能够一下子就定位到那个关键句，找到那句话直接告诉我们：三黑在土地上劳动时候的心情。谁找到了？就一句，直接告诉我们，三黑在翻地耙地时候的心情，好几个孩子都找到了。

生：他笑嘻嘻的，连嘴都合不上。

师：哦。他找到的是这句。孩子们，"他笑嘻嘻地连嘴都合不上"，这是什么描写？

生：神态。

师：谁能够带着自己的理解读读这句话？整整齐齐地读，让我听出来你的理解，带着你的理解读这句话。你来读！

师：请你再读这篇课文，一小节一小节读。哪一小节写他开心了？一会儿你要给大家读出来。读的时候你要有笑的表情哦，读到三黑的开心，你要用笑容表现出来。大声读，开始。（生自由读。）

师：我看到有的同学脸上这时候有笑容了。你读到三黑的开心了吗？只读一小节，大声读，先告诉大家在哪一个小节。

生：12小节……（生读句子。）

师：开心吗？从哪儿看出来开心？

生读：翻身的人儿心里真甜！

师：哎哟，你看，他读出了他的理解，你们听出来了吗？他哪读出了他的理解？哪个词？

师：真甜！来，你告诉我啊，翻身的人心里真甜，这个甜咱们换个词意不变，你会换什么，真甜，就是你的心里真甜，说明你的心里……

生：很甜。

师：很甜、很开心。你会换成什么？

生：愉悦。

生：喜悦。

生：快乐。

师：真乐，都对。来，忘记让你们写了啊，来，写到黑板上。来！

师：同学们，三黑那个心里真甜，他有个前提，你知道是什么吗？我看看谁会提取关键信息了？

生：他因为翻身了，所以他心里真甜。你们知道什么叫翻身吗？

生：第十一节和十二节就解释了"翻身"的意思。

师：表扬你。对，我们这一单元的要素掌握得很好，就是这两个小节太明显了嘛，翻身，你看。以前他逮蝈蝈会怎么样？被谁骂？被爹娘骂，也就算了，因为我确实没有拾柴火。贪玩，去逮蝈蝈了，关键是被谁骂，地主凭什么骂我？又不是他儿子？你看一看，地，是他的，你踩坏了人家的庄稼，人家叫骂，骂还是轻的，搞不好就打你。现在呢？现在的蝈蝈在哪叫。在自己的地啊，这就很好，这就是翻身。但是怎么说呢，也不怪大家，因为翻身确实是一个特别有时代感的词语。为了帮助大家更好地理解，老师带来的几段资料。（生抬头认真看，师出示课件。）

师：咦，整首诗都写三黑的心情，是——开心。用三黑的话叫"开心"，高级一点的叫——（生：兴奋），叫（生：高兴、快乐），叫（生：喜悦），升级一点的叫（生：幸福—自豪—激动），总的都是开心，升级一点加一个字，叫（很开心），再升级一点叫（更开心），用三黑的话叫——

生：开心到起飞。

师：那是你读书人的说法，用三黑的话叫开心死了。既然要写有了土地开心，为什么要写不开心的小节，这不是大煞风景吗？

生：他过去不开心，他现在想过去的事，他现在很开心。

师：他的开心与不开心，和什么有关系？

生：过去他没有土地，蹚坏了地主的庄稼要挨骂，现在他有土地了，即使蹚坏了，他也不会挨骂。

师：他也毫不在意。所以写过去不开心，是为了——

生：衬托现在开心。

师：这是一种——对比。什么和什么对比？（过去和现在）他不仅和现在比，还和什么比？（出示13小节）未来。过去没有土地，现在有土地，很开心，将来怎么样？（有钱）哪儿看出他有钱？

（出示图片。）

生：明年跟人合伙，把地浇得肥肥的，去卖。

师：把地卖掉啊？卖什么？

生：庄稼。

师：庄稼更好，收成更多。卖掉就有钱，你们眼里只有钱。他眼里不是钱，你看，用钱买什么了？（小毛驴……）有了小毛驴可以耕种，可以送公粮，可以去看女儿，对不对？眼里不要只有钱好吗？要有你的一头——小毛驴。

所以将来开心，前面加一个字（更开心）他写过去是为了——突出现在很开心，更是为了说明未来——更开心。发现没有，诗歌的感情，如果一直写开心，就是一条斜线，从开心、很开心、更开心、开心极了、开心死了，一直往上走，现在突然到一个地方往下走——不开心，然后又突然往上走，很开心，更开心，发现了没有，不是一直写开心，中间写了不开心，这叫曲折。文章、诗歌就像看山，如果是平的，不好看，还有什么好看？起伏才好看，抒情诗，这个情要有起有伏。我们从表情读到心情，还不够哦。还要从心情读到——（板书）感情。三黑对这片土地怀有一种怎样的感情？

生：喜爱、热爱、自豪。

师：感情和心情不一样。心情是一时的，感情是长久的，是深沉的。这种深沉的感情藏在这句话里面，读——（出示图片。）

生：农民一有了土地，就把整个生命投入了土地。

师：在三黑看来，土地就是他的什么？

生：生命。

师：这是读书人说的，三黑是个农民，土地就是他的什么——（生：命根子），所以对土地什么感情——（生：土地就是他的命根子）。这种爱是很深的。我们在爱前面加一个字——

"深"爱。爱得很深沉，把整个生命都投入到土地里。读——

生：农民一有了土地，就把整个生命投入了土地。

师：所以，他有了土地，没日没夜地耕种，边耕种，边开心。

师：这首诗呢，是写 1947 年的华北解放区，如果时间过了 30 年、40 年。那块土地会怎么样呢？来，我们一起看这首歌词。

出示课件——

在希望的田野上，是词作家陈晓光，写于 20 世纪 80 年代，流行于 20 世纪 80 年代，他写的就是距离三黑的土地三四十年之后的场景，你们看一看，三四十年之后啊，农民的日子过得怎么样。

师：看一看农民的日子过得怎么样，找一点证据。通过在希望田野上这种歌词，你觉得距离三黑和土地那个故事之后的三四十年，农民的生活怎么样？

生：变得更好。

师：你从哪看到的？

生：春烟在新建的住房上飘荡。

师：哎哟，还盖新房子了，是吧？很好，请坐，你还从哪看出来了？他们的日子越过越红火了。

西村纺花东港撒网，也就是说，你看，中国大地上的农民啊，不光是种地了，他们还开拓了其他的业务，是不是？哎，那叫新型农业，还有呢，你还从哪看出来人们的生活过得富足畅快。幸福哪儿，谁还没举过手，没发过言呢，我要请他说一说啊。（指一学生）你，对。

生：老人举杯，孩子欢笑，小伙弹琴、姑娘歌唱，证明他的生活越过越好。你看看，老人小孩啊，全部都在那里欢笑歌唱，幸福吗？很幸福，是啊。呃，借用一句网络上常说的话，太平盛世，如三黑所愿，在词作家陈小光的笔下，他把那一片土地称为希望的田野，但这是诗人的话，这是词作家的。农民不会说这样的话，对农民来说，他对土地的感情放在三黑和土地这首诗里面，就浓缩在一句诗当中。请你找到，是哪一句？三黑对土地的感情就浓缩在一句诗当中，哪一句？

生：农民必有的土地。就把整个生命投入了土地。

师：你真厉害，找得准，读得也好，孩子们，齐读。

生读……

师：读诗不仅要读出写了什么事，还要读出情，从表情读到心情，从心情读出感情。所以仅仅写事，不是叙事诗，只有写了情，才是诗。我们来看，三黑有了土地不是诗，但是，读——

生：活像旱天的鹅，一见了水就连头带尾巴钻进水里。

师：这才是——诗。三黑翻地不是诗，但是——

生读：看起来，好像妇女们刚梳的头。

师：这才是——诗。松散的土地不是诗，但是——

生读：简直是一张软床，叫人想在上面打滚，想在上面躺一躺。

师：这才是——诗。三黑播种不是诗，但是——

生读：今天准备好了，叫麦籽儿睡上。

生：这才是——诗。麦子生长不是诗，但是——

生读：这么好的床，麦籽儿躺下去挺舒服，就像发芽，赶紧钻出来吸些雨露。

师：这才是——诗。三黑坐下来歇一歇不是诗，但是——

生读：看见自己种的荞麦已经开花了，白得像一片雪。

师：这才是——诗。听见蝈蝈叫不是诗，但是——

生读：吱吱吱，叫得人心里痒抓抓的好喜欢。

师：这才是——诗。一边耙地一边想不是诗，但是——

生读：翻身的人儿心里真甜。

师：这是——诗。他笑嘻嘻的，连嘴都合不上。这不是诗，但是——

生读：地里的蝈蝈儿也叫得更欢。

师：这就是——诗。对了，诗写的是——情。

从今天开始，你要知道，如果把事情比作"米"，那么诗那种情，就是把米酿成酒，看不到米，但是却能品到他的甜味。这就是诗。只有我们内心充满感情的时候，你才能写出诗来。

下了课，我们不妨练一练，把米酿成酒，写成诗，比如：(师出示图片。)

今天我们学的诗歌题目是——

三、总结提升，拓展阅读

1. 学了课文，你对脚下的土地有什么新的感受？

2. 简介作者，推荐阅读。

怎一个"空"字了得

——《山居秋暝》课堂实录

【教材分析】

《山居秋暝》是部编版五年级上册第七单元第 21 课《古诗词三首》的第一首。本单元的人文主题是"自然之趣",语文要素是"初步体会课文中的静态描写和动态描写",旨在对学生进行专门的文学品鉴能力的培养。这是王维的山水田园诗代表作之一。王维的诗作自然脱俗,空灵悠远,更有一种禅意蕴含其中。

在他的诗中,"空"字就好像国画艺术中的留白,意境深邃,给人留下呼吸的空间、回味的空间、想象的空间。《山居秋暝》就是以"空"为诗眼,因此,在教学设计中,就要扣住"空"字,引领学生绘空山,游空山,悟空山,感受王维淡泊名利、与世无争的空心。

全诗动静结合,意境优美,用词活泼,生动地表现了渔夫悠闲自在的生活情趣。课后题要求学生想象描绘的画面,体会其中的静态描写和动态描写,为写好景物的变化打下基础。

【教学目标】

1. 正确诵读《山居秋暝》,理解暝、喧、歇的意思,指导学生读准"孙"字。

2. 借助插图，想象诗句描绘的景象，初步体会其中的静态描写和动态描写。

3. 体会作者寄情山水，乐于归隐生活的情趣，有感情地朗读诗文。

【教学重点】

能借助注释，体会诗句中的静态描写和动态描写，想象诗句描绘的景象。

【教学难点】

感受王维寄情山水，乐于归隐的情趣。

【教学过程】

一、课前交流，激趣。

导入：

同学们，考考大家，都认识哪些古诗人呢？请问诗仙是谁？对，李白。诗圣是谁？没错，是杜甫，那么诗佛又是谁呢？是王维，王维为什么会被称为诗佛呢？师：你认为唐朝佛教盛行，王维也受了佛教的影响。很有道理，你课前查阅了资料？王维字摩诘，有部佛经叫《维摩诘经》刚好和他名字连在一起，折射出他的佛教信仰。能课前查阅资料帮助理解，你很会学习。你还有补充吗？他的诗歌大多都远离尘世，充满了禅意，有佛教的意味。

今天，就让我们一起走近诗佛王维，感受他笔下的动静之美！

二、新授

1. 写诗题

跟着老师，一起写诗题。（板书：山居秋暝）提醒书写，"山"注意顿笔，起笔就要顿笔，先中间，后两边，"暝"míng。左边的"日"要进行避让，右边由三部分组成，"秃宝盖"在古代表山峰，而"六"在古代代表农舍，农家的小房子，从字的构造，可以猜出"暝"字的意思，那就是……可以翻书看看，书上有注释。千万不要写成"瞑"，那是"死不瞑目"的"瞑"，否则王维会死不瞑目。请大家在旁边写两次"暝"字。

师：齐读山居秋暝。

2. 解诗题

谁来用自己的话说题目的意思？你可以试着调整下语序，会说得更清楚。我提醒一下，住在山里叫：

生：山居。

师：住在村里叫——生：村居。

师：住在不想让别人知道的地方，叫什么？——生：隐居。

师：看课题，这里的"居"就有隐居的意思。王维居住的这座山就叫终南山，著名田园诗人陶渊明曾经就写过一首诗，"采菊东篱下，悠然见南山"。"暝"是什么意思？

生：傍晚。生：黄昏。

师："傍晚"和"黄昏"哪个词更有诗意？很多古诗里有"黄昏"一词，如：月上柳梢头，人约——生：黄昏后。师：夕阳无限好——生：只是近黄昏。不会说"人约傍晚后""只是近傍晚"。

师：同样讲"暝"，我们用哪一个比较有诗意？一生：黄昏。师：秋暝就是——生：秋天的黄昏。

师：好，"山居"是说明写这首诗的诗人所去的——

生：地方。（板书1。）

师："秋暝"是这首诗所写的，生：时间。（板书2。）

师：连起来说，诗的意思就是：王维居住在山里，看秋天黄昏时的景象。说得真完整，那王维看到了怎样的景象呢？

3. 初读古诗（师出示课件。）

接下来，请大家自由朗读诗文，先试着把诗歌读准、读流利。

（1）挑战读。师：会读的就当朗诵者，不会读的，等会就当评论员，好好点评，好吗？请你!

（2）学生点评。

师：字音都读准确了，说明课前认真预习了，真不错，"孙"字是平舌音，要读正确了。（师出示课件。）这个字念 huàn，三点水加一个"完"。"浣"是洗衣服，"浣女"就是——生：洗衣服的女人。

师：没有诗意。

生：洗衣服的女子。

师：还不够。我们可以说洗衣服的姑娘或洗衣服的少女。洗衣服回来的姑娘叫作浣女。

师：哦，老师听到有同学说，如果能够再注意下朗读节奏，就更好了。

（3）范读。

师：接下来，老师范读一次，请同学们边听边画出诗歌的节奏。

（出示课件。）看一看，你都画准确了吗？我们试着读出诗歌的停顿。

（4）个别读正确。

师：这回谁来读给大家听？

（5）男生为一组，女生为一组，比赛读一读，看看哪一组读得更好？

师：好，女生先来，嗯，声音柔美，老师仿佛已经感受到山中秋天的美丽了。

师：男生再来，哦，丝毫不逊色，特别有气势。

师：读诗要有节奏感，节奏在于每一句的停顿。

师：同学们，这是一首五言诗，大部分是二三节奏，除了有些词语不能分开，也可以二一二或二二一的节奏。如果是七言律诗，是什么节奏？生：二二三。（师出示课件。）

（6）师生配合读。

师：真好！掌声鼓励一下。现在，老师读每一句的前两个字，你们读后三个字，我们配合着读。我们再来一遍："空山"怎么样呢？"新雨后"。"天气"怎么样呢？"晚来秋"。

师：停顿的地方，我们就留下一个想象的空间。（师生再次接力读）请同学们连起来读，注意节奏。（生齐读）很好！（指第一个读的生）来，你再读，读出节奏感！（生第四遍读。）

（7）读出韵味。

师：我们继续观察，出示课件：这是一首五言律诗，律诗是有特点的，每首律诗都有四联，第一句叫首联，第二句叫颔联，第三句叫颈联，第四句叫尾联。师读课件：

每句前半句最后一个字是后、照、女、歇，这些字的读音都是几声？师：嗯，四声、三声、一声。这又是一个知识点了，"歇"啊，在古音中是四声，所以这几个字都是三声或四声，因此他们都是仄声，读仄声的时候声音轻而短。这就是"仄短"。而一二声叫平声，平声读得稍长，叫作平长。

齐读，师：大家再试试，找找感觉。好，现在运用刚才学过的方法，全班齐读。

三、说诗意

师：接下来，请大家看一看这首诗每一句的前两个字，你发现了什么？生：我发现前两个字是景物（板书）或人物（人）。

师：诗中写了哪些景物和人物？能不能用笔打记一下。生：空山、天气、明月、清泉、竹喧、莲动……（出示课件。）

师板书：山居之景：明月、松树、清泉、岩石

山居之人：浣洗之女、渔舟之人

理解字词，出示课件。

（1）自主学习。

师：接下来，请同学们借助书上的注释和你已有的知识逐字逐句理解古诗意思，不明白的地方用笔做上记号，我看哪些孩子的解读能力最强。

你们解决得怎样了？

（2）抽查。

我来抽查一下，看看：

师："随意"是什么？（生不语）这句写的是什么？

生：春芳。

师："春芳"是谁？一生：（大笑）春天的花草。

师：春天的花草还在吗？你是从哪个字看出来的？

生：不在了，我是从"歇"字看出来的。

师：用我们的话讲，到了秋天，草就——

生：枯萎了。

师：花就——

生：凋谢了。

师：秋天的山中没有了"春芳"，有什么呢？

生：果实。

师：对呀，有果，还有在秋天开放的花。这句的意思是春天的芳华不在就不在吧，秋天的美景还在呢！大家把这句读一遍。（生读）山里有谁？

生：王孙。

师：王孙是谁？

生：王维。

师：除了王维，山里还有谁？

生：浣女、渔夫。

师："歇"是什么意思，尽的意思。"竹喧"是什么在喧闹？

生：竹子。

生：我觉得是风吹着竹子，沙沙作响。

师：竹林里传来的，不一定就是竹子发出的声音，还有可能是"归浣女"欢乐的笑声。

师：所以，不同的想象会带来不同的理解。可能是风吹竹子发出的声音，可能是竹林里"归浣女"的欢声笑语，也可能是两种声音交织在一起。总之，这样的意境都非常美。

大家看大屏幕，再对照理解一下。

四、析读

1. 出示课件，合作探究

师：看来，朗读已经难不倒大家了。接下来，再给大家10分钟时间，请同学默读古诗，前后四人为一小组，合作、交流、讨论：这首诗为我们描绘了哪些画面？

2. 汇报学习，交流分享

稍后，老师找同学来分享，好，开始你们的讨论吧。

师：时间到，刚才，在大家讨论的过程中，老师发现很多同学在书中的空白处，写下了许多闪烁着智慧的文字，下面就让我们来交流读书的体会吧！

3. 出示课件，师：先看第一句，我们一起读一读："空山新雨后，天气晚来秋。"

师：一场秋雨一场凉，秋雨之后，走在密密的树林里，你有什么样的感受？哪个小组来汇报一下你们的学习情况？

生：你的想法是，雨水把树林洗刷得干干净净，散步在林间，让人神清气爽。

生：你的感受是，下雨后，空气中夹杂着泥土与花草的芳香，空气非常清新，让人心旷神怡。老师很喜欢你这个词语，我把他记录下来。（板书：清新。）

师小结：王维也和你们一样，心旷神怡，神清气爽，带着这样的感觉读第一句。

师：看来大家很有生活经验，请坐。

师：（出示译文课件。）是啊，尤其是在山林里，一场新雨过后，山林里的空气显得格外的清新。所以第一句主要写的就是空气之清新。

4. 出示课件：来，看第二、三句

师：王维闻着这沁人心脾的空气，继续往山林深处走去，王维又看到了什么，听到了什么，想到了什么呢？哪一组来汇报？

生：看到了密密的松林，月光透过松林落下了斑驳的影子。

师：你还听到了叮叮咚咚的流水声，洗衣归来女子的嬉笑打闹声。

生：你看到了莲花移动，渔舟缓缓驶来。

师：同学们说出了画面感。老师把"明月松间照"，改为明月当空照，可以吗？

师：当空照是明晃晃的感觉，没有松间照的温柔。你的想法是明月皎皎，月光如牛乳般洒下松林，这样的森林是很静谧的。

师：你的体会很独特，如此静谧的环境，可是耳边却有叮咚声、洗衣女子的嬉笑、打闹声，这不是破坏了这一份宁静美？

师：你们不认可我的说法，那你们能说一说理由吗？

5. 体会画面美，品动静

6. 师：这两幅画，你觉得哪一幅美？美在哪里？引导说出并板书：静态美和动态美，抓动词"喧""归""动""下"，体会动态美板书：（师板书"以动衬静"。）

师：从"喧""归"二字听到了，洗衣归来的女孩们欢乐的银铃笑声、用手泼水声、喧闹玩耍声，多么质朴、清纯。

师：从"动""下"我们可以感受，莲花动了，是因为小舟在航行，渔民们回来了。先闻其声，再见其人那种轻轻摆动的意境美。

师小结：多么美的画面呀，王维就是通过一静一动、一景一人，给我们描绘了一幅美丽的山居秋暝图，我们来美美地读一读吧。

师：（一二大组读第二句，三四大组读第三句。）读的时候，你的眼前仿佛看到了什么，听到了什么？

7. 学习"随意春芳歇，王孙自可留"

师：过渡语，你愿意住在这幅画里吗？那王维呢？读——"随意春芳歇，王孙自可留"。

出示课件：

师：这句诗，作者引用了《楚辞招隐士》中的诗句"王孙兮归来，山中兮不可久留"。意思是说，那个年代好多人跑到山里去做隐士，为了把隐士召回朝廷来做官，诗人就写了一首诗：说山中太冷清，有豺狼虎豹，环境不好，还是出来做官吧，而王维却反其道而用之，春芳虽消歇，但秋景仍迷人，还是留在山中，不去做官好，官场混乱，尔虞我诈，小人诽谤，可见他对官场的厌倦。

8. 出示课件：老师这里搜集了一些王维的资料，我们来体会王维寄情山水、乐于归隐的情感。［读课件：辋 wang（第三声）川别墅。］

9. 出示王维背景资料

师：王维想永远留在这幅画里，可是他能不能留在这幅画里呢？我们看了他的资料，王维当时的官很大，责任很重，但他还是想留在这样的山里，因为他觉得山中有明月、松林等美好的事物，还有淳朴的山民。留在山中，只有宁静、悠闲，没有忧虑、烦恼。

五、达诗境

师：好一幅山居秋暝图，好一首《山居秋暝》诗！

师：诗可以读，可以诵，可以解，还可以唱。好的诗总有人给它谱曲，请听歌曲（播放歌曲《山居秋暝》）。为什么歌手把最后一句"随意春芳歇，王孙自可留"重复了一遍？

师：所以，这首诗表达了歌手对山居秋暝图的赞美和喜爱。

师：这首诗中，只有最后这句是抒发作者感情的，我们一起背一遍这首诗。（生齐背。）

师：这首诗，还突出了一个字，知道是哪个字吗？

生：空。

师：是的，王维的很多诗中都有"空"字，（出示课件。）比如：空山不见人，但闻人语响。返景入深林，复照青苔上。又如：人闲桂花落，夜静春山空。月出惊山鸟，时鸣春涧中。

师：春天的山里，花草树木那么繁茂，他仍然说是空的。因为这座山很静，静到桂花落下的声音也听得到，静到月亮出来鸟都会被惊飞，静到小鸟在山谷中啼叫也听得见。第三句，山中本来没有下雨，可是山林翠色欲滴，那种浓郁的绿色仿佛就会沾湿衣服。

王维一生留下近四百首诗，其中九十多首里都有"空"字，因为他心中有空灵的诗意生活，所以"空山"就在王维心里。

六、布置作业

1. 背诵、抄写《山居秋暝》注意居中。2. 学习《鸟鸣涧》，体会诗中的静态描写和动态描写。3. 选做题：擅长唱歌的同学可以把《山居秋暝》唱给爸爸妈妈听；擅长画画的同学给《山居秋暝》配一幅画；擅长写作的同学把《山居秋暝》中想象到画面写下来。

板书设计

山居秋暝

地点　时间　天气

景　明月　清泉　松树　岩石　动静结合

人　浣衣之女　渔舟之人　　　以动衬静

诗人的愿望　抒情

《示儿》教学设计

【教学目标】

1. 认识、会写"祭"字。

2. 有感情地朗读古诗，熟读成诵。

3. 理解诗意，借助背景资料，准确理解诗人的遗愿"北定中原"；紧扣诗眼还原诗人的临终心境，体会诗人爱国情怀，激发学生爱国热情。

4. 将古诗改写成小故事，激发学生想象力，进一步体会诗境，增强学生书面表达能力。

【教学重点】

借助背景资料，准确理解诗人的遗愿"北定中原"；紧扣诗眼还原诗人的临终心境，体会诗人爱国情怀，激发学生爱国热情。

【教学难点】

引导学生抓住细节，将古诗改写成小故事，激发学生想象力，进一步体会诗境，增强学生书面表达能力。

【教学准备】

PPT101 课件。

【教学过程】

一、揭示课题，走近诗人

1. 公元 1210 年冬天的一个夜晚，一位老人重病缠身，即将离开人世。（出示图）弥留之际，他留给儿子一首诗作为遗嘱。这首诗，这份遗嘱，千百年来一直被世人传诵，它就是我们今天要学的一首古诗。（师板书课题，学生齐读。）

2. 通过预习，你们应该知道了诗题《示儿》的意思，就是——

3. 那么，这位奄奄一息的老人是谁呢？（陆游）关于陆游，你们了解多少？

4. 出示图片，简单小结：陆游活了 85 岁，是个高寿的老人，他是南宋著名的爱国诗人，一生写诗近万首，诗的内容多为抒发政治抱负，反映人民疾苦，批判当时统治阶级的屈辱求和，表现出渴望恢复国家统一的强烈感情。

5. 陆游一生主张抗击金兵，收复失地，但屡遭投降派的排挤，最终被罢免官职。这位饱经沧桑的老人，在临终之时，还有什么事令他放心不下，需要写下遗嘱交代给孩子。下面，就让我们看看他的这份特殊的遗嘱——

6. 出示古诗。

二、走进诗句，读通读顺

1. 怎样才能读出古诗的韵味呢？

2. 对，要读准字音、读通句子、读出节奏、读出情感。接下来，请同学们自由阅读这首诗，把它读正确，读通顺。

3. 谁来展示一下？

4. 学生展示，教师相机点评。

5. 古诗不光要读正确，还要读出节奏，这样才有诗味儿。下面，请大家像这个同学那样来齐读。

三、品词析句，读懂诗句

1. 读到这儿，你们知道在诗人弥留之际最遗憾的事情是什么了吗？你是从哪句诗中体会到的？

2. "九州"就是？（生：祖国。）"同"的意思就是？（生：统一。）

3. 那么，诗人临终时的愿望又是什么呢？

4. "定"的意思就是平定，就是"收复"。

5. 那么"死去元知万事空"这句谁读懂了？

6. "家祭无忘告乃翁"这句又有谁理解了？

7. "祭"就是祭祀的意思。我们来看看"祭"字是怎么写的：左上是"一块肉"，右边是"一只手"，手捧着肉，把它放到"桌子上"，来祭拜祖先，这就叫作"祭祀"。这个字在写的时候，要做到左右对称。把这个字在本子上练写两遍。注意写正确，写规范。

8. 学到这儿，你们能把陆游的遗愿连起来向大家说一说吗？注意：用第一人称说的时候，最好在前面能加上一个词"儿子呀——"，这样听起来更语重心长。

四、抓住诗眼，体会情感

1. 要读懂诗就要读懂诗人的情感，这首诗中哪一个字最能突出陆游此时的心情？

2. 陆游悲从何来？我们可以结合诗的写作背景来体会。谁来说说当时的社会背景是怎样的？

3. 是的，这就是陆游生活的年代，出示文字，齐读。

北宋末年，北方的金兵屡屡进犯，宋朝的军队节节败退。当时的汴（biàn）京（今天的开封）被攻陷，宋徽宗、宋钦（qīn）宗被俘虏。从此山河破碎，人民流离失所，无数的家庭妻离子散，无数的妇女惨遭蹂躏（róu lìn），人们生活在水深火热之中。

4. 读到这儿，你们明白陆游为什么而悲了吗？（学生回答。）

PPT 出示：

为山河破碎而悲。

为人民流离失所而悲。

为无数的家庭妻离子散而悲。

为人们生活在水深火热之中而悲。

5. 那么请把这份"悲伤"放进诗中，齐读：

死去元知万事空，但悲不见九州同。

6. 面对着破碎的山河，诗人的悲是因（板书：不见九州同），那么朝廷的皇族大臣们都去哪儿了呢？

7. PPT 出示图片：皇族大臣们在做什么？（生：饮酒作乐。）这正如一句诗所说（PPT 出示诗句。），齐读：战士军前半死生，美人帐下犹歌舞。

8. 南宋诗人林升有首诗也很真实地反映了当时的情况，出示《题临安邸》，学生齐读。

山外青山楼外楼，西湖歌舞几时休？

暖风熏得游人醉，直把杭州作汴州。

9. 皇子赵构逃难至临安（今天的杭州）建立了南宋政权。正和大臣们过着花天酒地、歌舞升平的生活。他们一味地苟且偷生，不思收复国家的失地。

10. 在长江以北，"遗民泪尽胡尘里，南望王师又一年"；在长江以南，战士们"夜阑卧听风吹雨，铁马冰河入梦来"，为了收复失地在抛头颅、洒热血，而皇族大臣们却花天酒地、醉生梦死。读到这儿，你们认为诗人的心中仅仅是"悲伤"吗？还有什么？

11. 为什么而"愤"？（为统治阶级不思收复失地而愤。）

12. 那么，请把这份"悲愤"也带入诗中，齐读：

死去元知万事空，但悲不见九州同。

13. 这首诗字字泣血，字字带泪。怎一个"悲"字了得？面对这破碎的山河，诗人最大的愿望是什么？

PPT 出示，引导学生补充：

他渴望——收复失地。

他渴望——祖国统一。

他渴望——人民过上太平的日子。

14. 用诗中原句来说就是他渴望王师北定中原。（板书：北定中原日。）

15. 让我们把这份热切的希望放入诗中吧，齐读：

王师北定中原日，家祭无忘告乃翁。

16. 让我们把这份殷切的呼唤放入诗中吧，齐读：

王师北定中原日，家祭无忘告乃翁。

17. 读着读着，我们就读出了一位八旬老人的爱国之心。（师板书：爱国之情。）

18. 这份"国家至上"的爱国情惊天地、泣鬼神，让我们深情诵读。

五、深化认识，背诵积累

1. 这是陆游绝笔之作——《示儿》。你觉得这首诗仅仅是陆游写给他儿子看的吗？他还想写给谁看？

2. 是的，这不仅仅是遗嘱，也是诗人最后的抗战号召，更是对后人的警醒，提醒我们时刻要记得天下兴亡，匹夫有责。

3. 来，让陆游这颗爱国之心永远温暖着我们，激励我们为中华之强盛而勤奋读书吧。（生背诵《示儿》。）

六、读写结合，指导表达

1. 一首好诗能穿越历史，照亮时空，还需要人们的口口相传。接下来，让我们以现代的方式理解、记住、传播这首诗。请以下面一段话为开头，把这首诗改写成一个小故事，注意：写清楚这位老人的样子，及他如何向儿子交代遗嘱的。

2. 学生练写。

3. 谁愿意读给大家听？

4. 赏析学生作品。（引导学生从动作、神态、语言等细节描写处进行评析。）

5. 就在陆游写下这首诗 69 年后，公元 1279 年，南宋灭亡。诗人所盼望的"王师北定中原日，家祭无忘告乃翁"，最终成了"来孙却见九州同，家祭如何告乃翁"，但诗人的作品却一直鼓舞着人们抗击外侮，保家卫国。

6. 请同学们课后去阅读陆游的其他爱国诗篇，从诗中去感知诗人的一生。

《慈母情深》说课稿

一、说教材

《慈母情深》是部编版五年级上册第六单元的第 18 课，这是一篇精读课文。选自著名作家梁晓声的作品《母亲》，讲述的是贫穷辛劳的母亲不顾同事的劝阻，毫不犹豫地给钱让"我"买《青年近卫军》的事，表现了慈母对孩子的深情，以及孩子对母亲的敬爱之情。

二、说教学目标

1. 有感情地朗读课文，领悟作者通过外貌、语言、动作的描写表现人物的写法。

2. 通过对重点句、段的理解感悟，体会母亲的慈祥、善良和作者对母亲的感激、热爱与崇敬之情，唤起学生热爱母亲的情感。

三、说教学重难点

1. 通过对母亲外貌、语言、动作描写的重点句、段的品析，体会母亲的慈祥、善良以及我对母亲的感激、热爱与崇敬之情。

2. 理解作品中人物的思想感情。

四、说教学方法

学生是学习和发展的主体。为了提高学生的兴趣和课堂教学的效率，根据高年级精读课教学的要求、教材的特点和学生的认知规律，我采用创设情境、以读代讲、合作交流、指导点拨等教法，放手让学生自主阅读、自主探究。

五、说教学过程

（一）导入新课，揭示课题

学生齐读孟郊的《游子吟》引入新课，目的是创设情境，心灵沟通，唤起学生对母亲的感情。

师：首先，送给同学们一首小诗。（出示，生朗读。）你知道它赞颂的是什么吗？

生：母亲。

生：母爱。

师：它赞颂的是母爱。母爱是平凡的，因为充满在我们身边，但是母爱更是伟大的，今天我们一起走进著名作家梁晓声的作品，带着赞颂的情感读一下课题。（指板书。）

生：慈母情深。

（二）板书课题："慈母情情"，请学生读课题，了解作者。

师：（出示梁晓声简介。）读完举手。

生：（齐读课题。）

师：你们有问题吗？

生：什么叫慈母情深？

生：情深在哪里？

师：慈母情深到底在哪里，你再说一遍。

生：母亲多慈祥？

（三）精读课文，体会铺垫的作用。

1. 师：同学们，我们知道事情的起因是买一本书。你们觉得买一本书容易吗？请大家读1—4自然段。

2. 师：在读的过程中思考：

（1）"书价一元多"从这句话中，我们了解到什么信息？

板书：书很贵。

（2）"母亲还从来没有……要过这么多钱。"从这句话中，我们了解到了什么信息？

生：这句话暗示了家里很穷。"从来没有""也从来没有"这两个词表明——

板书：A 家里很穷。B "我知道家里穷，因此很懂事，不给家里增添负担。"

（3）师：读第 4 自然段，你从中获得了什么信息？

这个自然段是直接描写自己家"穷"的。从"卖破收音机"和"吃进了肚子里"直接描写家里的穷。

板书：破收音机 吃进了肚子里。

（4）师：同学们，请大家思考一下，作者为什么反复交代家里很"穷"呢？里面的用意是什么？

生各抒己见。

师总结：文章一开头先介绍书价（一元多），然后反复强调"从来没有"，暗示读者这一元多对"我"家来说已经是一笔不小的财富了。紧接着作者又写出"卖破录音机"和"吃进肚子里"，这是直接描写自己家穷。作者反复介绍"穷"是为了下文母亲毫不犹豫地掏钱让"我"买书做铺垫，从而衬托出母亲对"我"的爱。

板书：穷做铺垫，衬托母爱的伟大。

（四）品读课文

1. 师：课文主要讲了一件什么事情呢？事情的起因是什么？请大家先在课文中找出来。

提示："我"渴望有一本《青年近卫军》，整天想得失魂落魄。

2. 师：请大家看第 4 自然段，"那时我家的破收音机已经卖了，被我和弟弟妹妹吃进了肚子里。"这句话说明了"我"的家庭情况是怎样的——贫困。

3. 师：故事的经过。这一部分写的是"我"在自己的怂恿下，来到母亲上班的地方，向母亲要钱。母亲让"我"买了书。看到了母亲挣钱不易，"我"深有触动。

（1）师：母亲的工作环境是怎样的？工作环境相当恶劣。请大家注意词语"七八十台……七八十个……七八十个和七八十台"，这一连串的数字，说明了什么？

（2）师：谁来说一说"七八十台破缝纫机发出的噪声震耳欲聋"突出了什么？（课件展示工作车间的画面。）

（3）师：在文中找出描写母亲的句子。读第16—19段，仔细体会作者所传达出的感情。

这几段表现了母亲的瘦弱，也体现出了母亲工作的艰辛。作者连用几个"我的母亲"，表达了作者怎样的感情呢？

生：看到母亲如此艰难地工作，内心感到愧疚。

"一对眼神疲惫的眼睛吃惊地望着我，我的母亲的眼睛……"读这句话，为什么母亲感到吃惊呢？（因为"我"是第一次来到这里，母亲没想到"我"会来。）

（4）师：读"我"和母亲的对话，说说自己的感受。母亲快速地问完然后给了"我"钱，这说明了什么？

生：表现了母亲对子女无私的爱，即便是再艰辛，面对子女的要求，母亲也会满足。

师：注意母亲给"我"钱时，作者是怎样描写这个画面的？

提示：掏出一卷揉得皱皱的毛票，用龟裂的手指数着。让学生结合龟裂这个词说说这体现了什么。（再一次体现了母亲的艰辛，作者通过描述母亲的手指，突出了母亲的辛劳。）

（5）师：母亲和旁边女人的对话说明了什么？

生：母亲喜欢"我"看书，这是一种对子女朴素的情感。再一次凸显了母亲的无私与伟大。

（6）师：读第 32 段，体会句子特点和句子所传递出的感情。

立刻……立刻……立刻……立刻……，这四个立刻表现出母亲工作的不易，"手脚并用的机械忙碌状态"结合前文对母亲手指的描写，突出了母亲工作艰辛，日复一日地这样重复劳作。

4. 事情的结果。

师：请同学们读第 33—38 自然段，读完之后，同桌之间相互交流一下，这部分讲了什么内容。（师指名学生回答。）

生：这一部分讲的是"我"看到了母亲艰辛的工作，内心感到愧疚，给母亲买了水果罐头，母亲又给了"我"买《青年近卫军》的钱，这样"我"有了第一本长篇小说。

（五）总结拓展

1. 师：再读课文，读出感情。结合课题，思考作者是怎样体现"慈母情深"的。

2. 完成课后习题，总结作者的表现手法。

3. 结合课文内容和生活实际，写一写自己"鼻子一酸"的生活经历，完成小练笔。

（六）布置作业

选作一个你喜欢的作业：

1. 为母亲洗一次脚。

2. 写一写和母亲之间发生的事。

六、说板书设计

慈母情深

母亲：贫困、瘦弱、辛苦、通情达理

儿子：感激、敬重、热爱

《搭石》阐释稿

一、说教材

《搭石》是部编教材语文五年级上册第二组课文的第一篇，本组课文的人文主题是"让我们从书海中感悟人性的光辉"。这是一篇乡土气息浓厚的文章。课文通过质朴感性的笔触把我们带入了乡间人们秋凉摆搭石、路人修搭石、人们协调有序走搭石、相互谦让走搭石、年轻人背老人过搭石的一幕幕如画的风景图，体现了人们淳朴、勤恳、老幼相敬的可贵品质和一心为他人着想的美好感情，表达了作者对家乡人、家乡事无限而深刻的怀念之情。

《搭石》这篇课文语言质朴，意境秀美，字里行间洋溢着浓郁的生活气息。乡亲们无私奉献的精神和一心为他人着想的传统美德，一定会强烈地感染着学生的心，激发他们善良的人性美，使他们充满为他人奉献的热望，这也正是"搭石"于默默无闻中凸显出的精神。

选编本课的意图，一是让学生从乡亲们摆搭石、走搭石的一幕幕情景中，体会到其中的人性美；二是学习作者从不起眼的事物中发现美、感受美。

二、说学情

五年级的学生已经具备了一定的阅读能力，能对所读的课文质疑，能借助工具书理解词句，并能联系上下文对相关词句谈谈自己的感受。具备一定的理解、分析能力，有利于本篇课堂教学的开展。

三、说教学目标

1. 正确、流利、有感情地朗读课文。

2. 感受文章的语言美、自然美和人性美。

3. 发现"生活之美"：体会作者于小事中发现美的方法，找寻生活中的美。

奉献的精神，并从中受到感染、熏陶。

四、说教学重难点

1. 体会作者是怎样通过平凡的事物，让我们感受到美的。

2. 通过抓关键词和重点句的理解与朗读，通过朗读，感受语言文字美与画面美。

五、说教学方法及理念

根据新课程基本理念，针对我个人对《搭石》这篇课文的理解以及教学目标的设定，我在本文中采用了"读、找、画、议"法、"读中感悟"法，"想象理解"法等。抓住关键的词句，让学生边读边展开想象，并且以"读"为主线，紧扣"搭石，构成了家乡的一道风景"这一中心句，通过"读通—读懂—诵读"三读，再采用设疑的方式引导学生自读自悟，这样的"读"落实了语言实践过程，使整个课堂活了起来，保持学生那份"读"的热情。在以读为本的基础上有所思，有所悟，让学生通过读书实践，感受语言文字的魅力，体会文章字里行间所蕴藏的美好的感情，提升阅读的乐趣。

六、说教学过程

（一）激情导入

师：（简笔画——搭石）同学们，你们还记得这一块块、一排排搭石吗？

生：记得。

师：这一块块搭石，它们是那么普通、那么平凡，它们到底具有怎样的魔力使作者刘章钟情于它，为它痴迷呢？这节课，让我们再一次走进第二十一课《搭石》（多媒体出示课题），再一次走进刘章的家乡，去感受那里淳朴的民风，体验那里美好的民情。（师板书课题。）

（二）研读交流

师：在家乡这条无名的小溪上，一排排搭石构成了家乡一道道美丽的风景。那里的景美，人更美。景美在何处？人又美在哪呢？请同学们自读课文，在课文中找一找吧。同学们可以把找到的相关句子画出来，读一读，再和小组的同学说一说自己的体会。

（师出示课件：学生自学探究，教师深入到学生中去了解学生对课文理解的情况。）

师：在刚才的学习过程中，老师发现大家不但能自己认真读课文，画句子，而且能够主动地把自己的想法和小组成员交流。现在，谁想说一说你的发现和感受？

生：我找到的美是在课文的第二自然段。上了点年岁的人，无论怎样急着赶路，只要发现哪块搭石不平稳，一定会放下带的东西，找来合适的石头搭上，再在上边踏上几个来回，直到满意了才肯离去。

师：从这句话中你能感受到什么？

生：我能感受到这是一位很为别人着想的老人。

师：从哪可以看出来呢？

生：因为句子中说"无论怎样急着赶路"就是说老人无论自己有什么着急的事，只要发现哪块搭石不平稳，就一定会把搭石摆好。所以我说这是一位很为别人着想的老人。

师：有理有据，说得不错。从这个场景中，你还看出了什么？

生：我感觉这是一位很善良的老人。

师：理由呢？

生：因为这位老人宁可自己先不赶路，也一定要把搭石摆好。从这我能看出这位老人非常善良。

阅读是对话的过程，当学生要把自己的体验交流出来的时候，教师要认真地倾听，并且从倾听中捕捉信息，恰当地评论、点拨，引发学生深度思考。

师：请同学们看这两句话。（师多媒体课件出示。）

1. 上了点年岁的人，无论怎样急着赶路，只要发现哪块搭石不平稳，一定会放下带的东西，找来合适的石头搭上，再在上边踏上几个来回，直到满意了才肯离去。

2. 上了点年岁的人，怎样急着赶路，发现哪块搭石不平稳，会放下带的东西，找来合适的石头搭上。

师：谁能读一读这两句话？（师指名读。）

师：能说一说这两句话有什么不同吗？哪句话描写老人摆搭石的场面更适合？

生：第一句话更合适。

师：为什么？

生：因为第一句话中，有无论，只要，一定，这些关联词语，而且后面还说"再在上边踏上几个来回"。

师："再在上边踏上几个来回"，你知道这是为什么吗？

生：这是因为老人怕搭石不稳，从这也可以看出老人很为别人着想。

师：从你的发言中，老师也可以看出你是一位读书认真，并且善于思考的孩子。谁能再读一读描写老人认真搭石的句子？（指名读）师：你觉得他读得怎么样？

生：我觉得他读得一般。我觉得在读的时候，应该把那几个关联词语读得重一些。

师：哦？那你能为大家读一读吗？

（生读。）

师：读得确实不错。

师：透过句子，我仿佛看见了在瑟瑟的秋风中，一位急着赶路的老人，发现搭石不稳，放下包裹，俯身搭石的情景。多么善良，多么可亲的老人啊！让我们一起来感受一下吧！

师引读：上了点年岁的人，生齐读。

师：你还在课文中的哪些地方发现并感受到了美？

生：我在课文的第三自然段发现了美。家乡有一句"紧走搭石慢过桥"的俗语。搭石，原本就是天然石块，踩上去难免会活动，走得快才容易保持平衡。人们走搭石不能抢路，也不能突然止步。如果前面的人突然停住，后面的人没处落脚，就会掉进水里。这句话中的"人们走搭石不能抢路，也不能突然止步"说明人们走搭石时都想着后面的人，我觉得这也是家乡人的一种美。

师：对，心中有他人也是一种美。谁还愿意说一说你找到的美？

生：我找到的美也在课文的第三自然段。"每当上工、下工，一行人走搭石的时候，动作是那么协调有序！前面的抬起脚来，后面的紧跟上去，踏踏的声音，像轻快的音乐；清波漾漾，人影绰绰，给人画一般的美感。"

师：从这句话中，你感受到了怎样的美？

生：我从这句话中，感受到了一种协调有序的美。因为这是一行人一起过搭石，所以他们在走的时候必须是"前面的抬起脚来，后面的紧跟上去"，就是说谁的步子也不能出差错，这样才能配合默契。

师：对，这是一种和谐的美。

（板书：和谐。）从这句话中，你还有别的发现吗？

生：从这句话中，我感受到了声音美。

师：声音美？声音美在哪？

生：踏踏的声音，像轻快的音乐。

师：你能模仿一下过搭石的声音吗？（学生模仿。）

师：好像不够轻快，听着有点沉重的感觉呢。试着轻快一些。

（学生再次模仿。）

师：踏踏的声音，真像一个个快乐的音符，谱出了家乡一首首动听的歌谣。

师：你还能感受到这句话中蕴涵的其他美吗？

生：还有画面美。"清波漾漾，人影绰绰，给人画一般的美感。"

师：清波漾漾，人影绰绰，请同学们闭上眼睛想一想。

（师播放音乐，同时读句子。）

师：谁愿意把你脑海中浮现的画面说给大家听？

生：我的脑海中浮现出一个美丽的小山村，上工，下工的人们排着整齐的队伍，从搭石上协调有序地依次而过的情景。他们走得很整齐。

生：我的脑海中想象的是一阵微风吹来，水面上微波荡漾，人影绰绰的那幅很美的画面。

师：谁愿意把大家带到那美好的画面中？（师指名读。）

师：你读得太美了。谁还愿意试一试？

师：同学们仿佛已经陶醉其中了。你还在课文中的哪些地方发现了美？

生：我在课文的第四自然段发现了美。经常到山里的人，大概都见过这样的情景：如果有两个人面对面同时走到溪边，总会在第一块搭石前止步，招手示意，让对方先走，等对方过了河，两人再说上几句家常话，才相背而行。这句话是说两人同时过桥的时候，谁也不会抢着过，而是让对方先走。我觉得这也是一种美。

师：对，美还体现在互相谦让中。

（师板书"谦让"。）

生："等对方过了河，两人再说上几句家常话，才相背而行。"从这句话中我感到家乡的人彼此都非常友善。

这个环节仍然是研读交流阶段，还是让学生自己来寻找美、发现美、体验美。美就在文本之中，就在字里行间，走进文本，读出文本，这才是阅读教学的境界。学生用自己的眼睛来发现，用自己的心去体验，每个学生的发言都洋溢着自己的个性。

师：有道理。或许，乡亲们的友情就在这彼此相遇时的拉家常中形成了。谁还找到了课文中的美？

生："假如遇上老人来走搭石，年轻人总要伏下身子背老人过去，人们把这看成理所当然的事。"

师：这句话中有一个成语，谁找到了？

生：理所当然。

师：理所当然？说一说这个词是什么意思？

生：理所当然就是天经地义，理应如此的意思。

师：人们把这看成理所当然的事。这句话中的"这"指什么呢？

生：指年轻人背老人过河。师：那你怎么理解这句话？

生：这句话的意思是在我的家乡，只要年轻人遇见老人过搭石，就一定会背老人过去，人人都这么做，是一件很平常的事。

师：在一个村庄，如果人们把年轻人背老人过搭石看成是一件理所当然的事情的话，那你认为，在这个村子里还有哪些事会是理所当然的呢？

生：刚才说的那几件事，老人摆搭石，人们过搭石时互相谦让，这些在家乡可能都是理所当然的事。

师：课文中没有写到的事情呢？想象一下。

生：高年级的大哥哥大姐姐背刚上学的小孩过搭石，肯定是理所当然的事。

生：谁家遇到什么困难了，大家一起帮助她，也应该是理所当然的事。

生：即使两个人之间发生了一些矛盾，也绝不会大声吵架，我想，这可能也是理所当然的事。

师：对，正是这些理所当然的事，构成了家乡的一道风景。在搭石这道风景中，我看到了老人躬身搭石，你看到了什么呢？

（师多媒体课件出示。）

生：我看到了一行人协调有序过搭石。

生：我看到了年轻人伏身背老人过搭石生。我看到了两人相遇过搭石时互相礼让……

师：所以说，一排排搭石——任人走，任人踏，它们联结着故乡的小路，也联结着乡亲们美好的情感。

（师引读，生齐读第五自然段。）

（三）拓展延伸

师：这一桩桩，一幕幕，事虽小，情却浓。搭石看在眼里，记在心上。"搭石无语心有情"，搭石对老人说："老爷爷，谢谢您在溪水中为我们摆搭石，可是秋天水凉，您也要注意自己的身体啊！"

（多媒体课件出示。）

搭石对老人说：（老爷爷，谢谢您在溪水中为我们摆搭石，可是秋天水凉，您也要注意自己的身体啊！）

搭石对年轻人说：（　　　　　　　　　　　）

搭石对大家说：（　　　　　　　　　　　　）

生：搭石对年轻人说，你们背老人过搭石，谢谢你们！

生：搭石对大家说，你们这些人默默无闻，无私奉献的精神真值得我学习！

师：同学们说得真好。是啊，就是因为家乡人具有了（指板书）善良，无私，尊老，谦让等这些美好的品质，才会有家乡淳朴的民风，和美好的民情。我想，这种美，不仅感动着搭石，也感动着你，感动着我。在作者刘章的家乡，美就是秋天里溪水中那一块块排列整齐的搭石，美就是乡亲们从搭石上协调有序的依次而过，美就是年轻人伏下身子背老人过搭石的那一瞬间。其实，生活中到处充满了美。同学们，在我们的身边，你还发现了哪些美呢？

生：美是妈妈的微笑。

生：美是乘公交车时人们按顺序排队上车。

生：美是遵守学校的各项纪律。

生：美是在汽车上给老人让座。

生：美是献给老师的一杯热茶。

生：美是和同学闹矛盾后，彼此握手、相视一笑的那一瞬间。

生：美是老师的微笑。

师：（笑）那你觉得老师现在美吗？

生：美。

师：是的，美无处不在。只要我们用心去感受生活，就会发现，美其实就蕴藏在我们身边每一件平凡的事物中。让我们像作者刘章一样，拿起手中的笔，记录下我们身边的美吧!

七、说板书设计

搭石

        为人着想　和谐

搭石——一道风景　互相谦让　心灵美

        尊老敬老

《桂花雨》说课稿

一、说教材

《桂花雨》是一篇回忆童年生活的文章，本文作者以童年时代的眼光看待事物，以"桂花雨"为题，以"桂花香"为线索，写了"我"童年时代的"摇花乐"，反映出纯真的童趣、淳朴的情感，表达了对家乡亲人和童年美好生活的眷恋。

全文共六个自然段，分为三部分，第一、二自然段开篇明旨，写作者童年时最喜欢桂花，因为它的香气迷人，并过渡引出"摇桂花"；第三、四自然段具体写童年"摇桂花"的乐趣；第五、六自然段写母亲回忆家乡金桂的同时，点明"我"爱童年那阵阵的桂花雨。

二、说教学目标

1. 正确、流利、有感情地朗读课文。

2. 通过自读自悟和同学交流，体会作者思恋家乡的思想感情，并领悟这种感情是怎样表达出来的。

三、说教学重难点

1. 读课文粗知大意，并抓住主要内容和重点句子，体会作者的思想感情。

2. 体会文中母亲说的"这里的桂花再香，也比不上家乡院子里的桂花"所表达的感情。

四、说教学方法

新课标倡导学生是学习和发展的主体，语文教学要关注学生的个体差异和不同的学习需求，爱护学生的好奇心、求知欲，充分激发学生的主动意识和进取精神。因此，教学方法确定为促进学生自主、合作、探究性学习的教学法。

1. 情景教学法。教师利用电教手段或通过用图画创设多种情境，用音乐渲染情境，利用插图来想象课文的内容，体会人物的内心世界，使学生完全置身于课文所描绘的情境之中，在轻松、愉快的氛围中学习，充分激发学生学习的兴趣，调动学生的积极性、主动性，使他们深入地理解课文内容。

2. 自主、合作、探究法。教师基本采用全放的方式，以一个学习伙伴的身份参与到学习中去，适当地点拨，学生通过动口说、动手表演以及各种形式的读，引导学生训练语言、积累语言、感悟快乐，由整体到部分，再到整体。

3. 以读代讲法："读"是理解课文，体会作者思想感情的有效手段。《语文课程标准》十分重视朗读。文章语言清新，情感丰富而真挚，在教学中，我把指导朗读贯穿于整个教学过程中，让学生在读中理解、读中感悟、读中想象、读中积累。

五、说教学过程

（一）衔接导入

师：经过上节课的学习，哪位同学能说说桂花给"我"带来了哪些美好的回忆？

生：小时候和父亲赏桂花，给乡亲们送桂花、摇桂花、泡桂花茶和做桂花糕饼，在杭州捡桂花给母亲……

师小结：表扬你，请坐下！回答得非常完整，说明上节课听讲非常认真，请继续养成好习惯。

（二）细读课文，探究解疑

1. 师：接下来，请大家用自己喜欢的方式读第2自然段，看看作者是怎么写桂花的。

生：与梅花进行对比来突出桂花的香气迷人。

师：如果让你用一组关联词来连接句子，你会怎么说？

生：桂花树（虽然）不像梅树那样有姿态，样子笨笨的，（但是）桂花的香气很迷人。

2. 师：棒极了！那么，桂花的香气到底是怎样迷人呢？文中哪些语句最能体现桂花的香？说说从这些语句中你体会到了什么。

（1）课件出示句子：桂花盛开的时候，不说香飘……没有不浸在桂花香里的。

①师：请思考：你从哪些词中可以体会出桂花的香？

生：从"不说、至少"体会到桂花的香气传的范围广，从"浸"字中体会到桂花的香气浓郁。

②师：请思考第二个问题：为什么用"浸"，不用"泡"或者其他的词？谁来回答？

生：一个"浸"字，形象地写出了桂花的香气浓郁，其他词则体现不出这种情境。

师：厉害了，真会品读，不但会读，还品出了文字背后的意思！

③师：（指导朗读）现在，我们带着对桂花的喜爱之情，来朗读描写桂花香气的句子，请问谁愿意来展示自己美妙的读书声？

生1：全年，整个村子都浸在桂花的香气里。（写了桂花摇落后的花香。这时候有桂花的香气，更有作者因为爱桂花而产生的美好感受。这一个"浸"字，则写出了桂花香早已渗透在作者心里，渗透在作者对故乡的美好记忆里。）

生2：杭州有一处小山，全是桂花树，花开时，那才是香飘十里。（杭州的桂花也是香飘十里，但是即使这样，依然不是家乡院子里的那种桂花香。）

3. 师过渡：听了同学们刚才的朗读，老师都沉醉在浓郁的桂花香里了。那么在作者的记忆里，难以忘怀的仅仅是桂花香吗？

生：不，桂花带给作者的快乐很多，但作者觉得最快乐的是"摇花乐"。

师出示句子：这下，我可乐了……我喊着："啊！真像下雨，好香的雨呀！"

（1）师：（配乐）下面老师带你们一起去享受摇桂花的快乐，欣赏桂花雨的美丽。请大家闭上眼睛，想象桂花纷纷落下的情景，此刻的你就站在这棵桂花树下，这缤纷的桂花雨飘落在你的头上、身上，就像沐浴着温和、舒适的春雨，你情不自禁地大声喊起来——"啊！真像下雨，好香的雨呀！"

（2）师：从这幅画面中你体会到了什么？（作者对桂花的喜爱之情和摇桂花的快乐。）

（3）师：此时此刻，我们也都沉浸在摇桂花的快乐之中，你们能把这种快乐读出来吗？（自由读——指名读——齐读。）

（三）品读体会

1. 师：从你们美美的读书声中，作者当时的摇花乐趣被你们还原出来了。那么，老师的问题来了：家乡的桂花树才一棵，而杭州的小山上全是桂花树，花开时香飘十里，母亲却说："这里的桂花再香，也比不上家乡院子里的桂花。"这是为什么呢？

生：家乡院子里的那棵桂花树浸透了母亲的心血和汗水，是母亲生活乃至生命的一部分，是无可替代的。从中，我们可以看出母亲爱自己的家乡，所以特别爱家乡的桂花。

2. 师：读一读阅读链接中的内容，思考：只有母亲想家了吗？

生：不光是母亲，作者琦君也想家了。母亲用这句朴实的话表达了自己的思乡情，琦君则是用饱含深情的文字来表达自己的思乡情。

3. 师："于是，我又想起了在故乡童年时代的'摇花乐'，还有那摇落的阵阵桂花雨。"这句话表达了作者怎样的思想感情？

生："又"字说明作者不止一次地想起故乡童年时代的"摇花乐"和桂花雨，它们已经成为作者幸福童年里最美好、最耐人回味的记忆，它们寄托了作者对故乡深深的思念。

师小结：是的，桂花的香、摇花的乐、花雨的美，牵出对童年的怀念，对故乡的留恋，以上种种，让作者魂牵梦萦。

（四）拓展延伸

师：你最喜欢家乡的哪一种景物，认真观察后写一写，注意抓住典型事物表达对家乡的热爱。

话说《桂花雨》

【教学板书】

爱桂花——迷人的香气

摇桂花——桂花盛开香飘十里

摇桂花——纷纷细雨

思桂花——杭州赏桂花　给母亲带桂花

又思故乡　桂花乡思永存

一年四季香甜　生活充满快乐

阵阵桂花雨　片片思乡情

【教学反思】

这是一篇文质兼美的散文，作者用抒情的笔调，写下了对故乡和亲人的思念，以及对童年生活无比怀念的感情。文笔疏淡有致，令人回味。文首开篇明旨，写小时候"我"喜欢桂花，因为它的香气、童年的"摇花乐"，文章后半部分，写母亲思家乡的桂花。上课时，我把教学重点放在以下两点：

一、谈话营造阅读期待，感受桂花迷人的香。在具体教学中，抓住一个"浸"字，扣住花香，感受已经融入人们生活中每一个细节的桂花香。

二、享受"摇花乐",体悟母亲的思乡情怀。借助朗读,把文字化成一幅幅画面,从画面中点出这是思乡之雨、回忆之雨。这样的处理,主要是抓住了桂花的香、摇花的乐、花雨的美,牵出对童年的怀念,对故乡的留恋,以上种种让作者魂牵梦萦。

习作《我最敬佩的一个人》课堂实录

【教学目标】

一、智能目标

1. 用"下水文"抛砖引玉，激活学生的思维和写作兴趣。

2. 让学生能通过具体事例表现人物品质。通过变换题目，引导学生正确选材、取材。

二、情感目标

1. 通过教学，学生学会发现身边人物的优点，并能用文章赞美他人。

2. 学会用客观标准评价一个人的所作所为。

【教学重难点】

怎样将这个有特殊印象的人写好，并能给读者留下深刻的印象。

【教学过程】

一、课前积累

师：同学们，这节课是作文课，首先，我想知道这两周以来，你们又搜集到了哪些美文佳段？请同学们把各自搜集的内容，在四人小组里相互评赏，然后各组推选一篇最佳阅读笔记向全班展现。

学生上台自由展现，教师适时评价。

生1：爱因斯坦小时候是一个……

师：说说你选择这部分的理由。

生1：读了《爱因斯坦》这本……我认识到了勤能补拙……

师小结：我说，你可真会选择，搜集了一些这么有价值的文段来告诫自己，而且背得这么流利！这么有感情！同学们有同感吗？（有）谁来表扬她？送给她三个字！（真精彩！）

师：我也送给她三个字：棒极了！

师：还有愿意来给大家展现的吗？

生2：耶！全班一片欢腾，干吗呢？……

师：完了？我还想听下去呢，真不错！我想知道，你摘抄的这部分内容，是一篇文章的开头吗？

师：非常好的一个凤头，谢谢你给大家带来的凤头！掌声鼓励！

师：还有想来展现的吗？

生3：……敌人从我的上身摸到下身，从袄里捏到袜里……

师：多好的一段文字啊！真感人！同学们，我们一起来给这段文字加上标题吧！

生：《清贫》。

师：是啊，这段文章就出自第六单元的课文《清贫》，描写革命烈士方志敏的一段文章。来，掌声送给他！同样谢谢他给我们带来的精彩表现！

师小结后揭题：在第六单元的课文中，我们认识了许多令我们敬佩的英雄，他们的事迹和精神给我们留下了难忘的印象。今天这节作文课，我们就来学写"我敬佩的一个人"。

课件出示题目：《我最敬佩的一个人》。

生齐读两次。

二、仔细审题，捕捉信息

师：说说，你从题目中得到了哪些信息？也就是这次作文有哪些要求？

生1：这是写人的文章。

生2：要求只写"一个人"，而不是几个人。

师：分析得好！

课件板书：人。

师：同学们再想一想，当你第一眼看到题目时，脑海里首先跳跃出来的是一个什么人？

生1：我的爸爸。

生2：我的舅舅。

生3：……

师：大家都畅所欲言了，我想再找个代言人来发言，简单地说说你要写这个人的理由。

生：我觉得我舅舅的品德非常高尚，很值得我尊敬佩服。

师：不错，有灵感！闪出了思维的火花！

课件出示：尊敬、佩服。

师：谁来说说好的品格指哪些？

课件出示：特点、品格。

生1：我们的老师为我们日夜操劳，爱岗敬业。

师：谢谢。你能首先想到老师的好，这说明我们这个学期知恩、感恩教育的主题班会没白开。

生2：邻居阿姨助人为乐。

生3：有矜持不苟、舍己为公……的革命战士，他们的品德太高尚了！

师：你概括得真好！真会概括！不过美中不足的就是太概括了！想想人物的描写手法，应该借助什么才能反映出人的思想品质呢？

生：我想要有具体事例，才能反映出人的思想品质，不然的话，就会说空话。

师：好一个小评论家，真了不起！

课件出示：具体事例。

三、抛砖引玉，动态示范

过渡：其实，一个人的优秀品质还远不只这些，但是一个人只要具有这样的优秀品质就值得人尊敬．佩服，你们想听听老师最敬佩的人是什么人吗？

教师大屏幕出示"下水文"：《"多功能"的老师》。

师：听老师说了"我最敬佩的一个人"，你有什么新的想法？

生：你把"我最敬佩的人"写成了"多功能"的老师，比我刚才想的要有趣多了。

师：同样是写一个"我最敬佩的一个人"，原来可以这样说！

师：谁来评评老师这篇文章？

生1：老师这篇文章有一个很成功的地方，那就是通过人物的语言来反映人物的性格特点。如……

生2：文章通过具体事例来体现白老师的"功能多"。

生3：老师以前说过，写人的文章要描写人物的外貌，而老师的文章就做到了这一点。

生4：……

生5：……

师：刚才这几位同学收获真大，仅仅初听了老师的文章，就有这么大的收获！那么，接下来，就请同学们结合自己的实际情况来说说，你也有一个多功能的什么，好吗？

课件出示：《"多功能的"_____》

生1：我也想说我有一个《"多功能"的老师》。刚才我看了老师写的文章，我觉得您也受了白老师的熏陶，具有许多"功能"。您看，您现在既是我们的语文老师，又是我们的英语老师，数学老师不在时，您还给我们讲应用题。语文课上，您给课文画的一幅幅插图真是栩栩如生，每年的艺术节，您给我们班排的节目都获了奖；我和同学们都觉得您太有才了！……我真敬佩您！

师：谢谢，你给我搜集了这么多优点！你真是个有心人！看来，我以后得再自信点才是。

师：杨涵欢同学刚才给大家开了个好头，接下来谁也来说说，你有一个多功能的什么。

生2：我有一个《"多功能"的姐姐》。我的姐姐今年14岁了，读八年级。她不但学习成绩优异，而且琴棋书画样样皆通……她就是我最佩服的人了。

生3：我有一个《"多功能"的爷爷》……

生4：我有一个《"多功能"的爸爸》……

师：刚才，大家的发言都很精彩，不过只把题目变成《"多功能"的_____》那可写的范围就远远小于《我最敬佩的一个人》了。我们再来把题目变一变，好吗？

师：在许多平凡的岗位上，有人在默默地奉献着，他们用不平凡的举动，做出了不平凡的事情。想想，从事哪种职业的人最令你尊敬、佩服呢？

课件出示题目：《当_____真不容易》

生1：《当学校门卫真不容易》：我们学校的门卫刘爷爷已经七十多岁了，可他不管严寒酷暑，都一刻不离地看守着学校的大门……

生2：《当医生真不容易》。

生3：《当乡干部真不容易》。

生4：《当出租车司机真不容易》。

师：关于"我最敬佩的一个人"，我们再来变一变，好吗？

课件出示题目：《夸夸_____》

师：结合你对身边人物的了解，你想到了他们哪些优秀品格？横线上你想补充什么？

生1：《夸夸我的巧手妈妈》。

生2：《夸夸我们班的小超女》。

生3：《夸夸"严"组长》。

生4：《夸夸"小芝麻官"》。

师：关于"我敬佩的一个人"我们还可以再变出其他题目吗？

生：当然可以，我想，只要他的事迹和精神感动了我，给我留下了深刻的印象，就可以写。

师：那么，通过这堂课的学习，你发现了什么？

生1：刚才看到《我敬佩的一个人》这个题目时，一点也不想写，觉得没意思，现在我却想写了……

生2：不知怎么搞的？为作文换了个题目，好像可写的东西就多了。

师：所以啊，拿到作文题目时，先不要急于下手，要想为作文拟一个好题目是一种很好的构思方法。当然，只要你愿意，我们的题目，还可以四变、五变、六变，乃至七十二变，只是我们要记住一点，那就是，万变不离其宗，不要忘了，这是写一个令你敬佩的人，而且只写一个人。

《七律·长征》课堂实录

【设计意图】

从大单元教学设计角度看，《七律·长征》是单元核心任务的一项学习资源，因此，教学时，应以问题为驱动，如，你从诗中的这些美好中仿佛看到了什么？这个问题有助于把学生带入画面，学生通过描述画面内容，更好地理解诗句意思和表达情感，在此基础上，教师补充与之相关的图片资料，定格"红军不怕远征难"的精彩瞬间。

根据上述文本教学解读，本节课的学习目标设计如下：

【知识与技能】

1. 掌握本课重点生字。

2. 有感情地朗读课文，读出磅礴的气势。背诵课文。

3. 理解诗意，领悟诗句表达的情感，感受红军大无畏的革命乐观主义精神。

【过程与方法】

借助注释、写作背景理解诗句大意。

【情感、态度与价值观】

感受红军大无畏的革命乐观主义精神和英勇豪迈的气概。

【教学重点】

通过理解诗句的意思，感受红军在长征中遇到的艰难险阻和战士们对待困难的态度。

【教学难点】

领悟诗句表达的情感，感受红军战胜艰难险阻的大无畏精神和英勇豪迈的气概。

【教学过程】

教师：长征路线图；红军长征爬雪山、过草地、飞夺泸定桥的有关影像资料。

学生：利用各种途径搜集红军长征和毛泽东的相关资料。

共2课时，选取第一课时。

一、了解背景，知诗人解诗题，检查自学情况

师：同学们，在中国革命的历程中，有一座不朽的丰碑，那就是举世闻名的25000里长征．今年是2023年，89年前，也就是1934年这个时候，9月26日，红军准备开启这万里长征。

师：在万里长征的征途上，有许许多多可歌可泣的故事，有无数的英雄洒热血。相信你们已经知道很多有关长征的故事。谁来说说？

生：《飞夺泸定桥》《倔强的小红军》。

师：刚才，这两个同学讲的故事都是用故事的记叙性写出来的，那么，我们今天要学的这篇课文，却是以诗歌的形式来写的，大家知道作者是谁吗？

生：毛泽东。

师：我们一起来学习毛泽东写的《七律·长征》板书课题。

师：请把课题读一遍，大家看题目，它由两部分构成，七律指的是体裁，即七言律诗，长征是诗的题目。老师昨天布置同学们去查资料，想让你们运用自己的自学潜能，接下来，老师先检

查你们对作者和写作的时代背景了解多少。谁先来分享、汇报？

　　师：同学们，你们刚才讲了那么多与毛泽东有关的内容，领略了他的文韬武略，看来，大家的预习都很充分。老师也收集了一些关于他的资料。(师指名生读。)

　　师：由于时间关系，我们就先介绍到这儿。我刚刚发现，同学们在介绍毛主席生平的时候有个特点呢，就是注意围绕课文有关的问题介绍作者，这很好，今后，我们一定要注意围绕课文有关的问题介绍。来，继续汇报。接下来，老师想检查你们读的情况。

　　二、初读全诗，感知内容

　　学生自由读课文：要求：读通、读顺、读正确。看看这首诗有什么特点？

　　师：同学们，刚刚读了题目，谁知道七律是什么？你发现这首诗有什么特点？

　　生：……

　　师小结：七律就是七言律诗，是中国传统诗歌的一种体裁，属于近体诗范畴，律诗分五言和七言两种，限定一首八句，超过八句的叫排律或长律。要求诗句字数整齐划一，由八句组成，每句七个字，每两句为一联，共四联，分首联、颔联、颈联和尾联。中间两联要求对仗，即三四、五六句要是对偶句，最末一个字必须一韵到底。

　　师：所以七律是体裁，长征是题目。知道长征吗？

　　生：……

　　师：其实就是共产党经历了一次大转移。

　　(出示课件。)同学们看地图：1934年10月，红军为了摆脱敌人的围剿，从江西瑞金出发，开始了长达一年多的征程。一路上，每天天上都有几十架飞机侦察轰炸，地上每天都有几十万军队围追堵截，但是红军在毛泽东主席的率领下，硬是靠着每个人的两只脚走了 25000 里，最后到达陕北。大家看，这里简介了长征中的一些路线。看了路线图，你对长征产生了什么样的印象？

生：就是说，我觉得、我觉得太了不起了，它经过了……

师：带着这种感受再读题目，预备齐！

师：如此长征，在毛泽东眼中又是怎样的呢，请同学们打开课本放声朗读，争取做到读通、读顺、读正确，开始自由读课文！

师：谁来展示他的朗读？

小结：读得流利、通顺，字正腔圆，看来，是有备而来的。

师：接下来，全班同学都来试试：注意坐姿，拿好书本，预备开始！

师小结：诗是有节奏的，我们不但要读好诗的节奏，还要读好诗的停顿和重音词。（出示课件。）

师：我们一起来合作朗读这首诗吧，老师读前两句，你们读后两句——

师：有读诗的感觉了，同桌之间像这样自由练读，争取读出诗的节奏。开始！

师：谁来展示一下自己的朗读？

小结：好，读得字正腔圆，有板有眼，读诗就应该这样读！

三、了解诗意，感知精神

1. 师：这首诗当中，毛主席仅用了 56 个字，就写尽了漫漫长征路。在长征当中经历了这么多的山山水水，这首诗选取了哪些山哪些水来写的呢？请同学们快速地在诗中找出，并圈一圈，划一划。

2. 汇报学习。

板书：五岭、乌蒙、金沙、大渡、岷山。

3. 师：这节课，我们就走进这首诗的山山水水。

4. 师：我们先来看，毛主席眼中的五岭和乌蒙山，请同学们默读这两句诗，画出读不懂的地方，然后在旁边画个"？"。

5. 汇报学习。

生1：逶迤不懂。

生2：磅礴不懂，泥丸也不懂。

师：好，不懂正常，不懂没关系，学问学问，就是要问，而且还要懂得提问，最好能提出有价值有营养的问题。这两个词的确有特点。

板书：逶迤、磅礴。

师：这两个词偏旁都相同，读起来也很有味道，教师示范读：五岭逶迤——乌蒙磅礴——生齐读。注意：磅礴的磅，还是个多音字，它还读 bàng，磅秤。

师：通过这样的朗读，你仿佛看到了什么样的五岭？什么样的乌蒙山？

生：……

师：如果让你用简单的线条画出五岭大概的样子，会不会画，上黑板试试。

谁画乌蒙山呢？

师：谁来快速地改一改？师：这就是逶迤的五岭，这就是气势磅礴，雄伟险峻的乌蒙，来看看大屏幕，再来感受一下。（课件出示。）

师：这两座山，在毛主席的眼中像什么呢？

生：……

师：毛主席为什么把它们想象成这样呢，记得李白有一首赞美庐山瀑布的诗句：飞流直下三千尺，疑是银河落九天，把瀑布夸大成九天银河，是为了赞美瀑布的壮美，而毛主席把这样的山想象得这样小，又是为了赞美什么呢，请联系这首诗的前后文来想。

师：这首诗的主题很明确，哪句诗概括了整首诗的大意呢？（课件出示红军不怕远征难，万水千山只等闲。）这究竟是一次怎样的长征？可以用诗中的一个什么字来形容？

生：难。

师：长征路上除了路程远，还有哪些困难？

生：饥饿、寒冷、伤病、死亡。

师：你知道红军长征走过了多少路程吗？宜章到北京够远吗？我自驾过 1670 多公里，如果长征，一次要走近 4 个来回，8 个单程。谁感受到了什么？

生：……

师：可是，这些在红军眼里却是什么？

板书：只等闲，只等闲是什么意思？

生：平平常常的事。

师：好一个平平常常！这些困难在我们看来是不可逾越的，可在红军眼里却是平平常常的，面对万水千山，红军怕吗？

师：当初李白夸大瀑布，飞流直下三千尺，疑是银河落九天。这是李白的浪漫，毛主席把这样的山想象得这么小，就是革命家的浪漫，也是革命家藐视困难的表现。这也是一种夸张手法，属于夸小。请同学们再来读一读这四句诗，体会革命家这种藐视困难的情怀，自己读读。

生展示读：红军不怕远征难……

师：好一句万水千山只等闲，大家一起来读。

小结提问，红军长征经历了这么多山，还经历了哪些水呢？

生：……

师：请你把这两句诗读读，同学们，其实这两句诗讲了红军长征的两个最经典的故事：一个是巧渡金沙江，一个是飞夺泸定桥。

师：出示课件。我们先来看巧渡金沙江，在金沙江南岸的崇山峻岭中。敌人打起了如意算盘，想把红军消灭在这深山峡谷里面。但是，毛主席巧用一招调虎离山之计，把敌人引到深山里面转圈圈。红军主力趁机过江，等敌人明白过来，赶到金沙江岸边的时候，啊，发现红军早已经消失得无影无踪了，敌人只在岸边捡下了几只丢掉的旧草鞋。哎，这一仗打得漂亮，这个时候红军战士带着什么样的心情？

生：喜悦。

师：在这句诗中，哪个字表现出红军的喜悦心情？（暖）红军不费一枪一弹，一兵一卒就取得了胜利，心情怎样？怎么读？

生：读出红军的喜悦，英勇无畏！

师：如果说巧渡金沙江是一场充满胜利的喜悦，那么飞夺泸定桥，就是一场血与火的考验。

师：看着这样的桥，这样的画面，你有什么感受？从哪个字可以看出来？

生：……

师预设：补充得特别好，感受到了战争的惨烈和悲壮，"寒"字让人感受到了，泸定桥的险恶形势，红军的浴血奋战，战争的惊心动魄。

师：是的，这一暖一寒，一个是胜利的喜悦，一个是战斗的惊心动魄，不正体现了第一联诗所说的红军不怕远征难……

板书：远征难，只等闲总起。

板书：三军过后，尽开颜（总结）

师：让我们再次朗读这首诗，感受红军革命的乐观主义精神。

板书：藐视困难、革命乐观主义。

师：为了实现中华民族伟大复兴的历史使命，无论弱小还是强大，无论顺境还是逆境，红军都初心不改、矢志不渝，历经千难万险，付出巨大牺牲，渡过了一个又一个看似无法逾越的难关，创造了一个又一个载入光辉史册的人间奇迹。如今，长征已成为一种信仰。今天就讲到这里。今天的作业，背诵诗歌，抄写诗，收集毛泽东的诗词。

5　七律·长征

远征难→只等闲（总起）

万水千山 { 五岭、乌蒙山、金沙江、大渡河、岷山（分述） } 藐视困难、革命乐观主义精神

三军过后→尽开颜（总结）

课堂实录：三年级下册作文教学 《三步写事法》

【教学目标】

1. 学会有条理、比较具体地记叙一项活动。

2. 让学生掌握如何把这项活动写生动、写具体、写有趣的方法。

3. 教学生学会如何给写事的文章布局。

【教学重点、难点】

学会进行场面描写、写出自己遭遇的挫折、写出自己的真实感悟等方法，让文章变得具体；学会用各种修辞手法让文章变得生动。

【教学过程】

课前说话：

师：谁来展示一下自己的课前积累？

生1：背诵古诗词片段。

生2：课外书精彩片段。

生3：演讲百科知识内容。

……

师小结：表扬刚刚精彩发言的同学，他们的课外知识积累真丰富！希望其他孩子能像他们一样喜欢看课外书，并且善于积累知识，让自己获得的知识越来越多！

一、谈话导入，揭题

师：这节课我们来上作文课。孩子们喜欢玩游戏吗？

请问你喜欢玩什么游戏？你说！你呢？从这一组开火车说。

呵呵，我就不能问这个话题，因为玩游戏是你们的最爱，也是你们的天性，我知道这话匣子打开后就会收不拢！

师：孩子们，你们知道吗，放风筝也是一种游戏哦。

板书：放风筝。

师：有喜欢放风筝的吗？来，给大家分享一下你放风筝的经历！

师：非常棒，谢谢你的分享，大家说得真好，这节课呀，咱们就来学习怎样把这么美妙的活动经历用文字记录下来。

二、新授

（一）领养句子

师：首先进行今天的第 1 个环节。

板书：第一步：领养一个句宝宝。

师：孩子们，请你从老师给定的词语里面选出你喜欢的词语来领养。

出示课件内容：

时间：今天/有一天/星期天的早上/阳春三月

天气：晴朗/天空中白云朵朵/阳光明媚

地点：草地上/沙滩上/海边

人物：我/小伙伴/爸爸/弟弟……

干什么：放风筝。

师：请看大屏幕！想好了请举手回答！

1. 有一天，阳光明媚，我在草地上放风筝。

2. 星期天的早上，天气晴朗，弟弟在海边……

3. ……

师适时纠正语病。

师小结：领养成功！非常棒！

师：孩子们现在看看，老师也领养了一个句子。

课件出示：星期天的早上，天空中白云朵朵，春风拂面，正是放风筝的好时机，我和爸爸妈妈一起去海边放风筝。

师：怎么样？这个领养句子的环节告一段落，大家都成功了吗？

师：接下来老师有问题要问了，你能准确地说出老师这个句子是由哪些内容构成的吗？

课件出示：

师：红色的字是什么内容？蓝色的是什么？绿色的？紫色的？还有放风筝？谁来说？

生1：星期天的早上是时间，天空中白云朵朵是天气，我和爸爸妈妈是人物……

生2：遇到问题了，看看，谁来补充？帮他一把！请你认真地听别的小朋友回答，好吗？（海边是：地点，放风筝是：干什么。）

师：一起来看答案。和你想的一样吗？

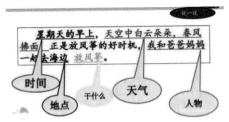

（课件出示。）

师：孩子们，我再给你换一道题，看你能准确地做出选择吗？

课件出示内容：

连线：

广场、阳春三月、温暖的阳光照射着大地、一些小朋友、放风筝。

人物、地点、干什么、时间。

师：谁来说说？

生：阳春三月，是阳光照射着大地的天气，小朋友是人物，嗯，真棒！

师：我们来看正确答案，好好看看你连的对不对？

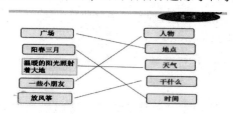

师：好，现在你能把句宝宝们写一写吗？

（二）让句子变长

1. 场面描写。

师小结：通过刚才的练习，大家已经能够很顺利地领养句子了，那么如何让句子变长呢？快来，进入今天的第二个环节，让句子变长！

板书：第二步：矮个句子宝宝长高。

师：孩子们说起放风筝呀，就特别高兴，我最喜欢的风筝是一只大雄鹰风筝，因为雄鹰它本来就是在天上飞翔的，再把它做成风筝就变成了飞翔类中美的化身！你们喜欢什么样的风筝呢？你们喜欢什么样的风筝呢？谁来说说？

师小结：

师：看大屏幕。那么多令人喜欢的风筝该怎么说呢？

课件出示内容：

看，天空中的风筝越来越多了，热闹极了，美丽的花蝴蝶，凶恶的眼镜蛇，可爱的大熊猫……

师：大家觉得这样的描写好不好？我们来给这样的描写取个名字，就叫作场面描写！

板书：就是把你所看到的事物写出来。（齐读）

2. 遭遇挫折。

过渡：孩子们！既然是放风筝，就不能只看别人的，咱们也得让自己的风筝飞起来呀！孩子们，你们第一次放风筝的时候，是一次就成功了，还是失败了好多次呢？

师：谁来说一说？

生：我一次……

生：……

师：哦，你来说，你是一次就放成功了，还是有过失败呢？有过失败，那你是怎么做的呀？有没有总结一下失败的经验？后来，这个风筝放起来了吗？真棒！最终成功了是吧？

师小结：我记得第1次放风筝也没有成功。

课件出示内容：

我以为放风筝很简单，爸爸在后面拖着风筝跑，我向前跑。风筝马上就要飞起来了，却又一头栽下来了。我有些灰心了，爸爸告诉我："不要灰心，咱们继续努力，一定会成功的。"听了爸爸的话，我又有了信心。这次我吸取上次的教训，边跑边放线，掌握着平衡，风筝果然高高地飞起来了。

快来看一看吧……（师读课件上的内容。）

师：孩子们怎么看出来，这就是我第1次没有成功呢？

生：然后在爸爸的鼓励下，我呢，又吸取了教训。边跑边放线，还要掌握着平衡，于是呢，就把风筝高高地放飞起来了。

师：说得好！这个就是我们要讲的：遇到挫折，如果把这些写下来，那么句子就会长长、长高。

3. 写出感悟。

师：孩子们，从这件事当中，你有没有什么感悟呢？

板书：写出感悟。

师：有没有想起来，课文当中学过的某个诗句或者领悟到某个道理。

师：每当我在放风筝的时候呀，我就想起了一句诗，快来一起看吧。

课件出示内容：

放风筝可真有趣呀，我感受到了"儿童散学归来早，忙趁东风放纸鸢"的快乐。

大家看写出的感悟，句子是不是就又长高了呢？

师：咱们就把自己说的这些内容呀，组合起来，看看句宝宝是不是长高了。

课件出示内容：

星期天的早上，天空中白云朵朵，春风拂面，正是放风筝的好时机，我和爸爸妈妈一起去海边放风筝。

看，天空中的风筝越来越多了，热闹极了。有美丽的"花蝴蝶"，凶恶的"眼镜蛇"，可爱的"大熊猫"……

我以为放风筝很简单，爸爸在后面拖着风筝跑，我向前跑。风筝马上就要飞起来了，却又一头栽下来了。我有些灰心了，爸爸告诉我："不要灰心，咱们继续努力，一定会成功的。"听了爸爸的话，我又有了信心。这次，我吸取上次的教训，边跑边放线，掌着平衡，果然风筝高高地飞起来了。

放风筝可真有趣啊，我感受到了"儿童散学归来早，忙趁东风放纸鸢"的快乐。

师：一共有 4 个自然段，我请 4 名小朋友来读，其他小朋友呢，在底下跟读。

师：你是第 1 名举手的，你来读第 1 段……

非常棒，你读得很正确，声音很洪亮。××你来读第二自然段……越来越。

非常棒，读得非常好，你的声音也很洪亮。

嗯，读得真棒！××你来读最后一个自然段。

师：文章，很长，孩子们再听老师来读一遍。

师：读课件的内容。

师：孩子们，你看句子已经长长、长高了，快来看看，她是怎样一点一点长高的吗？这可是重点哦，认真地听，蓝色的部分谁来读读？

生：读……

师：读得真有感情，大家思考一下：这一段写的是什么？我说整段是什么描写呢？

好，老师告诉你，这就是场面描写！什么是场面描写呢？场面描写呀，就是把你所看到的这个事物写出来，知道了吗？

师：场面描写可以让句子长高，所以这个描写很重要。

师：我们再来接着看紫色的这一段，请孩子们快速地浏览、思考一下这一部分显示什么内容？

师：你只有知道每一个段落写什么，你在写的时候才可以很轻松自如地让句宝宝长高。

师：××你来说这一部分是什么？有动作有对话是吧？爸爸……确切地说，是爸爸鼓励他的语言，具体的语言描写。

师：你写的是什么呢？我们来看，这是遭遇挫折，他把遭遇到的挫折这一部分进行了详细的描写，我们接着再来看最后一节，写的是什么？××说是道理……

师：我们一起来看答案。

师：答案是感悟！写出了感悟，句宝宝呀，就是这样长高的，长高的秘诀就是这三部分风筝放起来的时候的场面描写"遭遇挫折，写出感悟"。当然，这个场面描写，不仅要写空中的风筝很热闹，地上放风筝的人们也是一个很可观的场面，对不对呀？所以说呀，放风筝的时候，除了可以写天空的场面，还可以写地上的差别。

师：写出了感悟的句宝宝呀，就是这样长高的，长高的秘诀就是这三部分：风筝放起来时候的场面描写，遭遇挫折时写出的感悟，当然这个场面描写天上时很热闹，那地上放风筝的人们呢，也是一个很可观的场面，对不对呀？

板书：长高秘诀=场面描写+遭遇挫折+写出感悟。

师：看着越飞越高的风筝，我心想……

师：一分钟时间，请思考，一会儿我请小朋友们来回答。

……好好地飞翔啊，是不是？

师：那我觉得你补充的第一个情景不够具体，你想一想，远处小朋友们在兴高采烈的时候他会有哪些动作啊？他们彼此又会说什么呢？这两个小朋友动作是一样吗，一个小朋友是什么动作，另一个小朋友是什么动作？是不是可以展开来写一写啊？展开来写了后，这两个小朋友的动作，还有语言的描写，就是场面描写，他要把两个小朋友的动作还有语言来写一写，这就是场面描写，但你只说一句话就有点单薄了，对不对？

师：你再想一想，这个地方可以重新改一下，记住了吗？

（三）让句子变胖

师：孩子们，现在句呀，长高了，大家也找到了长高的秘诀，那么现在就进入今天的第三个环节，让瘦弱句子变胖，好了，接着看。

板书：第三步：让瘦弱句宝宝变胖。

师：孩子们，风筝之所以美丽在于人们把它做成各种各样的形状，如果咱们让这么漂亮的风筝，开口说话，是不是更有趣呢？

快来，跟着老师一起看一看吧。

（出示课件。）那美丽的"花蝴蝶"，翘着两只金黄的翅膀，在天空飞来飞去，正在欢乐地唱着歌。那凶恶的"眼镜蛇"在恶狠狠地瞪着我，让我好害怕。那可爱的"大熊猫"正在向我眨眼睛，开心地对我说："我会飞啦……"

师：孩子们，这样的表述是不是很有趣啊？这就是句子变胖的秘诀，你发现了吗？

师：谁来说说，在写花蝴蝶、眼镜蛇和大熊猫的时候，采用了什么修辞手法呢？

生：拟人！那我们一起来看，拟人！（出示课件。）

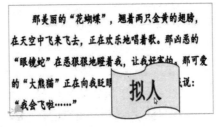

板书：变胖的秘诀就是采用拟人的修辞手法。

师：把风筝当作人来写，让风筝也会做动作，还会说话，这是长胖的秘诀，加入了拟人！

师：看看大屏幕：哪些属于拟人的修辞手法？（出示课件。）

……一会朝着太阳他……

这是拟人的修辞手法吗？非常棒，判断正确，我再请一个小朋友来读，你来读 B 句。

这是拟人的修辞手法吗？不是！××你来读第3句：我最喜欢的一只大雄鹰。

就是写的风筝的形状啊，不是拟人，再看最后一句。××你来读：……

老师给你指点一下，"手臂"是不是拟人？你真是一个聪明的孩子。好，现在我们来看正确答案。

现在快来下面选一选哪些是属于拟人的修辞手法吧！

A. 我的风筝是美羊羊，她一会儿对小鸟点点头，一会儿朝太阳公公微微笑。✓

B. 天上的风筝可真多，有小鱼的，有蜜蜂的，还有蝴蝶的。

C. 我最喜欢的风筝是一只"大雄鹰"。

D. 风筝张开双臂在空中快乐地飞翔。✓

师：哈哈，课件中a和d这两个句子呀，就是属于拟人的修辞手法，你们回答得都很正确！

师：看一看，句子也长高了，也变胖了，你看看，长高变胖就是这个样子，他是怎么长胖的呢？你快出来把他浏览一下。

出示课件内容：

放风筝

星期天的早上，天空中白云朵朵，春风拂面，正是放风筝的好时机，我和爸爸、妈妈一起去海边放风筝。

看，天空中的风筝越来越多了，热闹极了。那美丽的"花蝴蝶"，翘着两只金黄的翅膀，在天空中飞来飞去，正在欢乐地唱着歌。那凶恶的"眼镜蛇"在恶狠狠地瞪着我，让我好害怕。那可爱的"大熊猫"正在向我眨眼睛，开心地对我说："我会飞啦……"

我以为放风筝很简单，爸爸在后面拖着风筝跑，我向前跑。风筝马上就要飞起来了，却又一头栽下来了。我有些灰心了，爸爸告诉我："不要灰心，咱们继续努力，一定会成功的。"听了爸爸的话，我又有了信心。这次，我吸取上次的教训，边跑边放线，掌握着平衡，风筝果然高高地飞起来了。

　　放风筝可真有趣啊，我感受到了"儿童散学归来早，忙趁东风放纸鸢"的快乐。

　　师：然后，看各个部分写的都是什么？

　　矮个子句子开头部分组成的是时间、天气、人物、地点、做什么。

　　师：再来看第二自然段句子写什么？采用拟人的方法让句子变胖。

　　师：高个子句子布局，它是怎么布局的呢？第二自然段的场面描写，用上拟人的修辞手法加第三自然段遭遇挫折，加第四自然段写出了感悟，这样布局写文章，你学会了吗？

总结下课：

1. 总结三步写事的方法。

　　师：最后，我们请小博士来总结一下：

　　（1）领养一个句子宝宝。（时间、天气、地点、谁、干什么。）

　　（2）矮个句宝宝长高。（场面描写+遭遇挫折+写出感悟。）

　　（3）瘦弱向宝宝变胖。（加拟人，写生动。）

（标书，齐读。）

师：学会写事了吗？那就来检测一下吧！

2. 布置作业。

今天的作业是：请看屏幕，默读要求！

出示课件：请把你放风筝的事情写出来，重点写出放风筝的过程。

下课！

教学反思:《作文写事三步教学法》

"提起作文头就疼。"这是同学们的口头禅,对于中年级小学生来说更是如此。那么,作为中年级语文老师应当如何指导学生作文呢?这堂作文课,我从以下几个方面入手:

一、指导学生积累写作素材

在本课课前5分钟,教师充分利用这一时间,让学生把平常积累的有趣的和难忘的句、段、篇记下来,在课堂上进行展示,学生在生活中留心了,写作时就可以在积累的素材中,选择适合写作要求的内容,并要学生仔细观察生活中的人和事,并做好笔记。这样学生就不会因没有内容可写而苦恼了。

二、提高学生的口语表达能力

虽然四年级的学习重心早已经转变为书面语言学习,但口语训练仍不可忽视,二者相辅相成、相互促进。在课堂上,教师尽可能让学生充分展现口语表达能力,鼓励学生说,引导学生说,多让学生说,要学生先说后写,这些做法都能不同程度促进其写作能力的提高。

三、认真落实了作文的三步写事法

教师自认为本堂课教法设计生动有趣,学生易于接受,易于掌握,教学效果不错。第一个环节:把句子写通顺,说成让学生

"领养一个句子宝宝"。让学生明白，句子虽然简单，但包含了事情的六要素（时间、地点、人物、事情的起因、经过、结果），潜移默化地向学生灌输了最基本的最完整的组句法。第二个环节：把事情写完整、详细、具体说成"让矮个宝宝长高"（场面描写+遭遇挫折+写出感悟）。这一环节是本课的难点，也是写作难点。笔者自认为在讲授本节课突破了这一难点，从他们的作文中可以看出，绝大部分学生已掌握了这种写作方法，不少学生将这种写事法公式化了。第三个环节：如何让句子写得生动、形象，具体说成让瘦弱宝宝变胖（加修辞手法，写生动）。笔者通过这三个环节让学生知道了在写作中如何运用恰当的修辞手法，这样，写作手法在他们的头脑中有了明确的概念。

四、激发学生的写作兴趣，把写作当作乐事

兴趣是学生学习的强化剂，是学习获得成功的必要条件。想让学生认真写作，喜欢写作。还应培养他们对写作的兴趣。在教学中，教师应当经常表扬喜欢写作的同学，从而在同学中产生正面影响。在作文讲评时，可以多读一些好文章，让学生获得真实动人的感受。还可以展示学生习作，使学生收获成功的喜悦，一句话，从各方面激发其写作的兴趣，点燃其写作激情。

填补空白，实践语言

——《妈妈的账单》教学设计

【文本教学解读】

《妈妈的账单》是一篇独特的课文。它的切入角度独特，两份账单，以小见大，激发人的联想。小彼得的一份账单，使人联想到孩子的淘气可爱，甚至有点不懂事的小小的恶作剧。妈妈的账单，则将母爱的无声、无私、无价表现得极为动人。文章的描写没有多余的笔墨，只是叙述性地写出彼得前后的变化和两份账单的内容，但是，全文多处都引发了读者的思考。教学中，面对这样的文本，面对三年级的学生，我选取书中的四处空白让学生填补，也就是两份账单以及两个人看到账单时的心情。这样的练习，既贴近语境，又容易唤起学生的生活体验，学生通过想象，既实践了语言，也深化了认识。

【设计意图】

1. 理解课文词语，练习概括全文。

2. 朗读课文，体会人物情感，凸显四处空白。

3. 填补空白，进行语言实践。

【教学过程】

课前说话：

师：论语第一章背完了的请举手，第二章背完了的请举手，第三章背完了的请举手，谁来展示一下自己的风采？告诉老师你想背第几章？有请……你想背诵第几章？（掌声送给充分利用课外时间读国学的你！不错，掌声响起来！非常佩服你的记忆力！也欣赏你的勤奋！希望其他孩子努力跟上，向他俩学习！）

一、设疑导入

今天，我们开始上课，准备好了吗？准备好了就用你的眼神和动作告诉我！在讲新课之前，老师想给你们出一道数学题，请听题！0和60谁大？板书：0和60。可以说这不是一道难题，如果按照数学常理来说，这个答案是毫无疑问的。可今天老师要告诉你们，你们错了。正确答案是0大于60，我看到了你们的表情——不过相信通过我们这节课的学习，你就会明白其中的原因。

师：好，现在就让我们共同走进第4课《妈妈的账单》。师：请把右手的食指拿出来，一起跟我书空！师板书：4妈妈的账单。

齐读题目，三次，师：仔细观察题目，你有什么疑问？（师：这个问题提得好，很有价值，很有代表性，有自己的想法……）教师在题目边打"???"。

师：老师首先有个问题要质疑：到底什么是略读课文呢？（对了，你知道的真多，就是老师少指导或者不指导，由同学们自读自悟的课文。）请问：我讲清楚了吗，你听明白了没有？那什么又是"账单"呢？（在课本上）至于其他问题，我们学完课文就会知道。

二、初读，个体感受

1. 既然这是一篇略读课文，谁能告诉大家学习课文的学习方法。

2. 师提示：还记得老师以前是怎样教你们学习课文的，还记得吗？（表扬他，这就是会学习语文，又懂方法的孩子。）好，下面就让我们带着这些方法共同走进探究环节。

3. 出示探究提示。

仔细读文，完成以下任务：出示课件，认真读：1. 把你认为可以积累的词语圈出来，多读几遍。2. 边读边思考：a. 文中写了哪两份账单？用自己喜欢的符号画出来。b. 从这两份账单中你体会到了什么？可以在书旁批注，一个词也行，一句话也可以。c. 标记自己不理解的地方。

提示：先自学，后以 4 人为一组合作交流，补充完善你的答案。

师：谁来？用先总后分的方法解读探究提示。请大家自由读课文。

三、积累内化知识

师：老师发现同学们真的会学习。老师期待你们的学习成果。谁来告诉我，你觉得这篇文章有哪些词语值得我们积累呢？你能带领大家把这些词语读两遍吗？课件出示词语。

1. 以上这些词语，你知道意思的可以给它找近义词或反义词，或者用它说一句话。相机理解词语：如愿以偿，小心翼翼，羞愧万分，蹑手蹑脚、芬尼，提示"彼"得的读音，词语的意思。师：你能任选两个词语说句话吗？但是老师有个要求，别人说过了的，你最好选别的词语说，好吗？

四、品悟母爱无痕

（一）品读彼得账单，走进小彼得

师：谁来告诉老师，文章写了哪两份账单？指名回答（课件出示）1. 读了小彼得的账单，你有什么体会？（他想得到 60 芬尼的报酬，妈妈给了彼得，用书上的一个词来形容就是——如愿以偿。

2. 小彼得为什么要给妈妈开账单呢？师：课文哪几自然段写了？请你快速默读！

指导学生迅速阅读1、2自然段。（让学生明白他是商人家的孩子，受到家庭潜移默化的影响，觉得自己似乎也是一个小商人，因此就开了这么一份账单。）

（二）品读妈妈的账单

1. 课件出示妈妈的账单：品味大爱。

2. 品读。

3. 对比两份账单，你有什么感受？

师：多么不一样的账单啊！妈妈的爱不但是无价的，也是无私的，她只是全身心地爱着自己的孩子，一味地付出，从不计报酬。同学们，这难道仅仅是一份薄薄的账单吗？这分明就是一份沉甸甸的母爱，无法用金钱来衡量的母爱呀？

4. 联系生活，开列账单。

我们不难发现，妈妈的账单上没有具体的一件件事情。但是，十年，是一段漫长的岁月，一年是365天，十年就是十个365天，一天24小时，十年有4000多个日日夜夜，母亲为我们做过多少事情呢？其实，在我们的生活中，妈妈也是这样关爱我们的，现在就让我们替小彼得的妈妈，也替自己的妈妈再写一份账单。

请看大屏幕：

当每天清晨起床时，妈妈＿＿＿＿＿＿；

当自己过生日时，妈妈＿＿＿＿＿＿；

当自己犯错时时，妈妈＿＿＿＿＿＿；

师：是的，巴尔扎克说过：母亲的心是一个深渊，而你，总会得到宽恕。

记得每天天气变冷的时候，妈妈_____；

记得那个电闪雷鸣的夜晚，我吓得浑身发抖，妈妈_____
_____；

记得那次我发烧到 40 度的时候，妈妈_____；

……

5. 妈妈仅仅为我们做了这些吗？当然不是。十年，妈妈为我们做的事情，数不清，道不尽。但是这一切，妈妈却只写了 0 芬尼，现在你知道为什么 0 大于 60 了吗？0 代表的是什么？妈妈的爱！而且这种爱怎么样？板书：无私，无价。在整份账单中，母亲没有一句责备，没有一丝抱怨，只是用一种特殊的方式来诠释这种特殊的爱，所以说母爱又是无声的。

6. 学习最后一段。

（1）师：所以这个账单小彼得读着读着……齐读最后一段，请你翻到课本——

他怀着一颗怦怦直跳的心，这是一颗怎样的心？你知道什么叫"蹑手蹑脚"吗？

生：就是走路很轻的样子。

（2）师：他为什么要"蹑手蹑脚"地走近母亲？

生：因为他感到很惭愧。

师：那你能蹑手蹑脚地走到讲台上来吗？

师：表演得真不错！同学们都知道，此时的小彼得已经知道自己错了，他的心里是充满愧疚的。让我们用缓慢一点的语气一起来读读这段话，感受小彼得当时的惭愧和内疚吧。

（3）蹑手蹑脚怎样读？你在什么情况下蹑手蹑脚了？

（4）他为什么把脸藏起来？这是怎样的怀抱？（是彼得撒娇的怀抱，是彼得哭泣的怀抱，这就是妈妈用爱给彼得的怀抱。）

（5）出示课件，指名读一读，你仿佛看到了什么？

生：看到小彼得把钱塞进了妈妈的口袋。

师：看到这一幕了吗，就是这令人感动的画面。

7. 看到彼得把那 60 芬尼塞进妈妈的口袋，这是一幅画，母子俩都没说话，小彼得藏到母亲的怀里，会悄悄地说什么呢？妈妈听了之后又怎样说呢？

总结：这就是爱，同学们，仅仅彼得有这样的妈妈，你有吗？谁有把手举起来，都有啊。

五、交流——课外延伸

1. 记得美国一个著名的财经组织——埃德尔曼曾经做过这样一个调查：如果将一个母亲所做的所有的事情以工资的形式加以兑现的话，子女一年要支付母亲 6.35 万美元，累以年数，总额折合人民币 400 多万元。

多么惊人的数字！也许连我们的母亲自己都不知道。而这仅仅是能用金钱来衡量的部分，可是妈妈的爱又岂能是用金钱来衡量的呢？有时，妈妈为了我们哪怕付出自己的生命都心甘情愿。请看课件。

2. 一位英国诗人说："一位好母亲抵得上一百个老师。"感谢小彼得也让我们懂得了妈妈的爱是无价、无私、无声的，母爱是最温暖、最深沉、最伟大的爱。让我们在心中铭记这份爱的账单。理解"0>60"。（板书改为"爱>60"）

六、拓展升华

老师今天特别高兴，因为妈妈这份账单不仅让文中的小彼得变得懂事了，相信也一定会让同学们变得更懂事了，让我们在心中永远铭记这份账单，因为这是一份充满爱的账单。

七、作业超市

1. 课外去读读有关母亲的古诗和文章。出示课件，或者像这样的小诗。

2. 在每年地母亲节、妇女节或妈妈过生日时，做一件小礼物送给妈妈。

骑鹅旅行记

【教学目标】

1. 借助思维导读，梳理节选片段中尼尔斯变成小狐仙后的事情变化。

2. 抓关键句子感知人物形象，体会人物的心态变化。

3. 展开想象，猜测其他故事的神奇，激发阅读原著兴趣。

【教学重点】

运用对比、猜测等方法，了解尼尔斯的变化，激发阅读整本书的兴趣。

【教学过程】

一、课前阅读分享

学生轮流上台分享自己的课外阅读，包括文章内容和读后感。

二、单元整体感知

这个单元，我们要去干什么呢？一起读读这句话："跟随外国名著的脚步，去发现更广阔的世界。"

三、揭示课题，了解作者

1. 今天，我们将要在塞尔玛·拉格洛芙笔下的《骑鹅旅行记》中，发现更广阔的世界。《骑鹅旅行记》也被译作《尼尔斯骑鹅旅行记》，是一本经典的儿童文学作品，被译成 50 多种文字流传世界。迷人的北欧自然风光和小主角的奇幻经历，让她成为了一部畅销百年的鸿篇巨制。由于译者、出版团队的不同，所以即使是中文版的《骑鹅旅行记》也有很多个版本。

2. 我们课文中节选的是高子英、李之义、杨永范翻译的版本。先不看内容，除了译者，从封面、封底、书脊处，你还可以获取哪些信息？

3. 作者简介。

塞尔玛·拉格洛芙是瑞典的优秀女作家。《骑鹅旅行记》是她唯一为儿童而写的长篇童话。这是世界文学史上第一部，也是至今唯一一部获得诺贝尔文学奖的童话作品。由于她突出的文学贡献，从 1991 年开始，她的肖像出现在瑞典货币 20 克朗钞票上。

四、预习检查

1. 大家课前预习得怎样了呢，开火车读本课出现的重要字词，教师及时纠正。读准文中多音字"蔓""的"的读音。

2. 课件出示本课出现的成语及解释，指名学生再在课文中找到成语所在的句子进行朗读。

3. 这是一篇略读课文，先用个简单的问题考考大家。故事的主人公是谁？（相机板书：尼尔斯。）介绍：有的版本会用"人名+事件"的方式，把它翻译成了《尼尔斯骑鹅旅行记》。

4. 除了主人公尼尔斯，文中还出现了许多动物，我们按他们出场的先后顺序理一理。PPT 出示：

（1）尼尔斯和这些动物之间发生了怎样的故事，谁用简洁的语言概括地说一说。

（2）小结：抓住故事中的主要人物，就能很快地把握住故事情节。在阅读中，同学们也可以借助这样的概念图来梳理故事情节和人物关系。

五、了解变形、感知变化

1.（PPT 出示图片）瞧，这就是尼尔斯，猜猜他几岁？有一天，他被小狐仙施了魔法，也变成了小狐仙，那小男孩尼尔斯变成小狐仙之后，他的世界发生了什么样的变化呢？快速浏览课文后，概括地说一说？引导归纳并板书：

变成小狐仙　　　　　外表
遭动物报复　　　　　境遇
骑鹅去旅行　　　　　心理

2. 交流：

＊外表

（1）先来看他外表的变化（指名读）：变得很小很小，到底有多小？（拇指大）

（2）师：从一个和你们差不多大的孩子，变成了一个拇指大的小人，尼尔斯的外表发生了惊人的改变！

＊境遇

尼尔斯和动物之间的关系，有了什么变化？（原来是他欺负动物们，现在是动物们报复他，他和动物之间的关系有了一个彻底的反转）

＊心理

（1）生自由谈。

（2）文中多处写到了尼尔斯的心理变化，老师也找到了一些。

（3）从这一系列的心理变化中，你发现了什么？（全文的一条暗线，自然地交代了尼尔斯骑鹅旅行的原因。）

（4）小结：尼尔斯变成小狐仙后，外表、境遇、心理都发生了变化，而这些变化，作者正是通过这些有趣的情节来体现的。所以在阅读时，我们要关注情节。（板书：关注情节。）

六、赏析交流，评价人物

1. 尼尔斯变成小狐仙后，哪些情节令你印象最深刻？请同学们默读课文，用笔圈画相关词句，在空白处批注感受。（师行间巡视：不动笔墨不读书，对于自己印象深刻的地方，同学们就可以用圈画词句和批注的方式来做读书笔记，一定会让你有更多的收获。）

2. 交流：

＊麻雀

引导想象：作者对麻雀的描写最少，只有一句话，你认为麻雀此时是高兴还是难过？为什么高兴？读出幸灾乐祸的语气。

＊鸡

（1）如果你是被尼尔斯扯过鸡冠的公鸡，此时你会怎么想？

（2）第二句是谁说的？这里的省略号省略了什么？想象一下，尼尔斯平时还可能怎么欺负过它们？仿照句式说："他活该！他活该……"

（3）看来平时的鸡群吃尽了尼尔斯的苦头啊！有了公鸡带头，鸡群集体对尼尔斯冷嘲热讽，齐读第三句话。

（4）想象当时的场景，能理解尼尔斯骂它们"乌合之众"是什么意思了吧？（像乌鸦似的聚合在一起的一帮人，比喻杂凑在一起的毫无组织纪律的人群。）

看来平时的鸡群吃尽了尼尔斯的苦头啊！

＊猫

（1）作者对猫的描写最多，哪部分让你感到最惊心动魄？（猫被激怒时的样子。）

（2）引导想象：这段文字侧重于对猫哪方面的描写？（动作。）这让你想起生活中什么场景？（猫抓老鼠。）评：猫的动作利索又致命，所以在读的时候要稍快些。

（3）因为作者在生活中仔细观察了动物的习性，将幻想同真实交织在一起，营造了虚实相间的情境，所以读起来才这么逼真。

（4）尼尔斯刚接近接近猫时，它是怎样的呢？（指名读第12自然段，读出温柔。）是真的这么温柔吗？

（5）看似温柔，实则凶猛，这样的鲜明对比，让我们对猫的印象更加深刻。男女生分角色读。

（6）当尼尔斯差点命丧猫爪的时候，猫为什么又突然放了他？从中你获得什么启发？话不多的猫教会我们做人要善良！

＊牛

（1）为什么年纪最大、最聪明的五月玫瑰此刻最生气？（尼尔斯不仅欺负动物，连自己的母亲也敢捉弄。）引导想象：尼尔斯对妈妈做的这些事，你敢吗？

（2）尼尔斯的恶作剧实在是太过分了，难怪三头牛如此激动，想要狠狠地收拾他。指名分角色读。

3. 同样是报复尼尔斯的情节，这4个动物的出场顺序，可不可以调换？

4. 小结：阅读时，不能只关注碎片化的情节，还要将和它相关的内容联系起来看，从而发现作者的不同写法和创作意图。（板书：关注写法。）

5. 从这些动物对尼尔斯的言行中，我们能得出什么样的结论？（调皮，恶作剧……）（板书：熊孩子。）总结：同学们，本文并没有直接写出尼尔斯是个怎样的孩子，而是采用了——侧面描写。

6. 现在，大胆地推想一下，小狐仙为什么要把尼尔斯变成小人？（捉弄小狐仙，出尔反尔。）

7. 熊孩子尼尔斯是不是一无是处，没有一个闪光点呢？（从文中找证据。）

点拨：是什么原因让尼尔斯骑鹅旅行？"父母从教堂回来时，发现雄鹅不见了，他们会伤心的。"（虽然调皮，但心底是善良的，知道为父母着想，向父母表达爱意了。）

8. 师：好的文学作品，塑造的人物一般都是立体的，多面的，所以评价人物时，角度就不能太单一。随着阅读的深入，对人物的了解会更加全面。（板书：了解人物。）

七、阅读目录，激发兴趣

1. 一个偶然的机会，尼尔斯骑上了鹅背，开始了八个月的旅行。回来后，他会变成一个什么样的孩子呢？请你大胆地猜想一下，并简要说说你的理由。（板书：好孩子。）

点拨：在尼尔斯骑鹅旅行之前，作者还写了这样几处环境描写，指名读。感觉如何？（美好、广阔。）你觉得作者用意何在？

2. 结果是不是如你们所说呢？我们一起来看看这本书的目录，也许可以了解一二。

（1）有什么发现？说明：作者将一个首尾呼应的完整的故事，分成一个个独立成章的小故事。每个故事既自成一体，又相互连贯，十分巧妙。

（2）章节中有许多的地名和动物。（目录是一本书的缩影，通过目录，我们可以了解到这本书的大致内容和作者的写作思路。）（相机板书：关注目录。）

（3）骑鹅旅行的过程中，尼尔斯学会了战胜困难，超越自己。他也从一个熊孩子成长为勇敢善良的好孩子。这部作品不仅见证了一个孩子的成长过程，也是一次对瑞典进行全面考察的旅行。

3. 一路上，尼尔斯经历了许多新奇有趣的事情，《鹤之舞表演大会》《地狱谷的羊群》又会讲述怎样的神奇？

（1）"鹤之舞表演大会"。地点：克拉山这一天，所有动物和平共处，不必担心遭到偷袭。乌鸦、兔子、大松鸡、黑琴鸡轮流表演，大雁群却遭到了狐狸斯密尔的偷袭，最后，斯密尔被年长的狐狸咬掉了右耳的耳尖，并被驱逐出境。后面还有马鹿和灰鹤的表演。

（2）"地狱谷的羊群"：地点：小卡尔斯岛悬崖绝壁上的山洞里，山脚下是海浪翻滚。地面上有很多又宽又深的裂缝，最大的一条裂缝叫"地域洞"，尼尔斯帮助公羊把狐狸打入地狱谷，成了山羊的救命恩人。

八、拓展延伸

1. 这篇课文只是小说的节选。关于这个故事，你现在还想问什么？

2. 看目录，找出你最感兴趣的一章，预测内容。

3. 出示插图，猜测是哪一章的插图，师简介内容。（为公羊除害、鹤之舞表演大会。）

4. 希望你课后把这本书继续读完，你会从尼尔斯的冒险经历中悟出更多人生的真谛。

5. 本单元还有很多优秀的外国文学名著，能带领我们走向更广阔的世界呢！一起来看看！

（1）从哪本书中尼尔斯可以克服内心的恐惧，学会野外求生的本领？（《鲁滨孙漂流记》）

（2）从哪本书中我们可以认识一位同样调皮捣蛋，却又内心善良的男孩？（《汤姆·索亚历险记》）

（3）从哪本书中我们可以读到和《骑鹅旅行记》一样奇幻的经历？（《爱丽丝漫游奇境》）

让我们跟随这些精彩的外国文学名著的脚步，一起去探索广阔的世界吧！

后　记

教师一生都在写书，我尤甚。《教坛追梦》是我教书育人所思所得之小结，内容主要由获奖论文、公开课教案、带班育人方略等组成。出版的动力来源于学校的榜样，亲友之激励。三完小是出成绩、育人才、创未来的一方天地，在这样的氛围里，也便成就了我的愿景，本书权当给自己一卷写真吧。

"山河不足重，重在遇贵人"，在我眼中，我的孩子我的班，既是我的贵人，也是我生命之重要组成部分。他们给予我的，有欢喜，有忧愁，有叛逆，有感动，林林总总的情愫，都是岁月沉淀的无价之宝。与孩子们朝夕相处，我见证了他们的成长与进步，他们也帮助我成为更好的自己，成为更优秀的教师。回首与他们相处的日出月落，我们互相成就，收获的，永远是满满的幸福。

教龄、工龄和班主任职务同岁。犹记得，三十年教学生涯，我仅有一个学期没当班主任，是因休产假了（那是漫漫人生路的另一幸福）。寒来暑往，栉风沐雨，我一直肩负中、高年级学生班主任之职责不断地迎来小可爱，祝愿少年人。虽然熟悉的面孔在多年后渐显陌生，但惊喜却总不期而遇。春节、教师节，节日来临时邮箱、微信里满载沉甸甸的祝福……闲暇散步的不期而遇，远方学子的回家看看，听闻学生们乘风破浪，皆有成就时，我内心的欢喜无与伦比。"她是教书认真、带班负责的老师，孩子放她班上，放心！"时隔多年，学生家长的支持与鼓励，让我深觉"金杯银杯，都不如家长们的口碑"，自己的付出也终于得到了肯定——春时桃李树下多耕耘，秋收无须堂前更种花。

教育的幸福，在于把讲台当作舞台，与学生一起，站在舞台的中央，奇文共欣赏，疑义相与析，构建诗词歌赋的精神天地，追寻修齐治平的往圣绝学，演绎腹有诗书气自华的幸福人生。每当我站在讲台上，感觉就像站在阳光下，暮春之初，天朗气清，与眼前可爱的孩子们鲜活的生命亲切对话，和他们晶莹如碧的心灵交流碰撞，是如此幸福……

教育的幸福，更在于过一种有意义的生活。马斯洛曾提出需求理论以解释人生追求的层次，这一理论成为管理学的基石。他曾说："对于自我实现者，每一次日落都像第一次看见那样美妙，每一朵花都温馨馥郁，令人喜爱不已，甚至在他见过许多花以后也是这样。"自我价值的实现，是人生最大的幸福。每当我走进教室，盛满眼的都是娇艳欲滴，都是争奇斗艳，都是万紫千红。老师也是岁月之花，绽放在教育的春天里。从教三十多年后的今天，我欣喜地发现，自己仍怀着初为人师的那种怦然心动的感觉带着那股奔涌的激情。我每天面带微笑走进教室，用期待的眼神注视每个孩子。在日复一日看似单调的教育生活中，我感受到的却是千姿百态的生命涌动和心照不宣的精神交融。当我把那些隐匿在教育琐碎里的喜悦用笔"勾勒"出来时，那分明就是一种幸福的情怀。夜深人静的时候，卧听瓜熟蒂落的脆响，静听风吹稻浪的感动。

教师是筑梦者，亦是追梦人。精耕三尺讲坛，筑梦，需要我在教育教学上追求至善，无问西东；勤坐一方书桌，追梦，需要我求知求学上日月行健，自强不息。"路虽远行则将至，事虽难做则必成。"教育是百年大计，千秋伟业，未来从教路，我深信：我更会与我的一届又一届的学生和家长携手共进，不忘初心，砥砺前行。

谨以此书，献给那些给予我关怀的领导，献给那些帮助我的同事朋友，献给那些给予我支持与鼓励的家人，更献给我的学生们、我的孩子们，是你们让我成为最好的自己，你们也是我最宝贵的财富。由于水平能力有限，本书还存在很多不足，希望教育界前辈和各位读者、同仁多多批评指正，深为感谢。